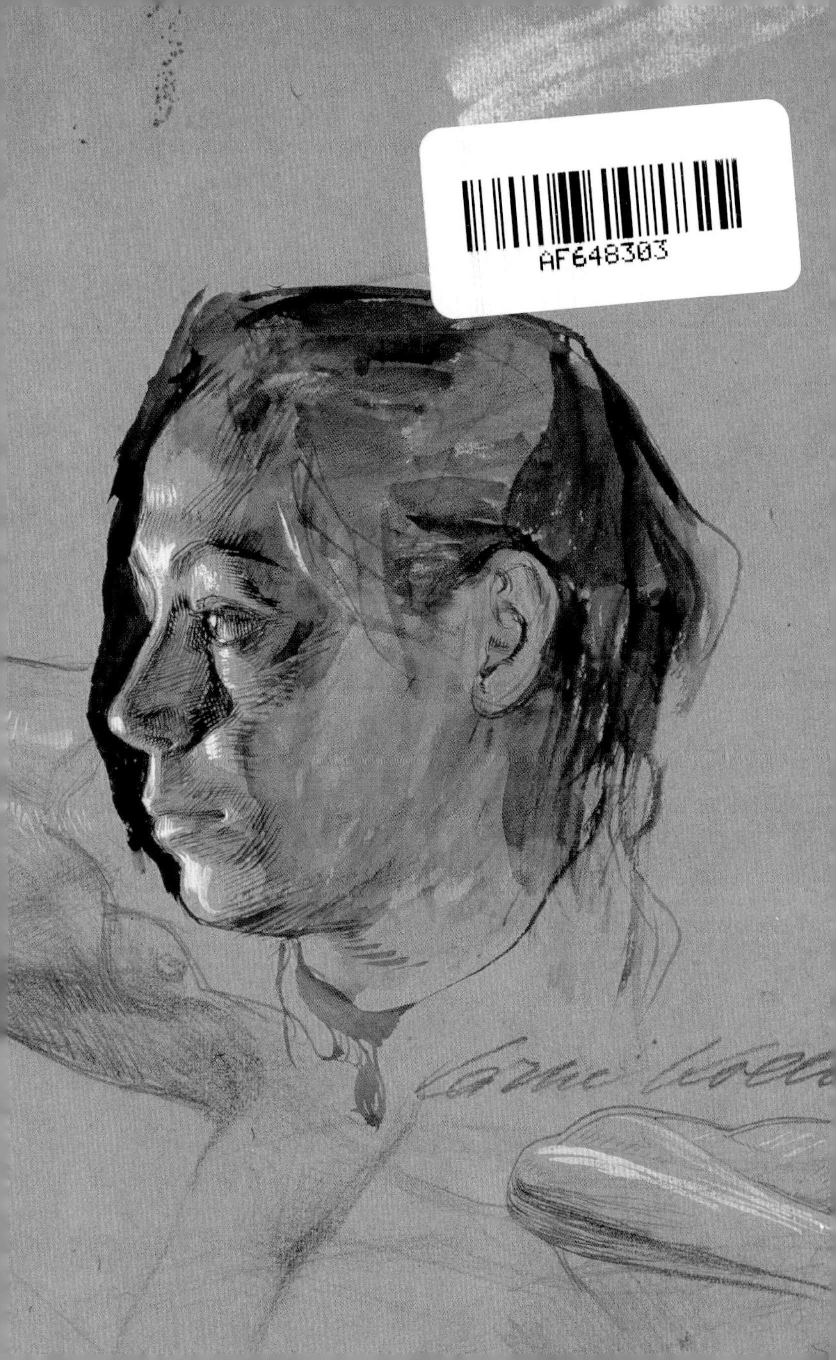

AF648303

WIENAND[S] KLEINE REIHE
DER KÜNSTLERBIOGRAFIEN

WEITERE TITEL:

OTTO DIX
MAX ERNST
ALEXEJ JAWLENSKY
ERNST LUDWIG KIRCHNER
GUSTAV KLIMT
WILHELM LEHMBRUCK
MAX LIEBERMANN
AUGUST MACKE
PAULA MODERSOHN-BECKER
AMEDEO MODIGLIANI
EDVARD MUNCH
GABRIELE MÜNTER
EMIL NOLDE
CHRISTIAN SCHAD
EGON SCHIELE
MAX SLEVOGT
MARIANNE VON WEREFKIN

Alexandra von dem Knesebeck

KÄTHE KOLLWITZ

Wienand

Inhalt

[…] wenn Sie mich abstempeln zur ausschließlichen Darstellerin des Proletariats, kennen [Sie] meine Arbeit sehr unvollständig. Im Laufe langer Jahrzehnte erweiterte sie sich. Ich erlebte, daß neben leiblichem Kummer, leiblicher Not die Not des Menschen besteht, der unter den Gesetzen des Lebens steht. Trennung, Tod sind Begleiterscheinungen jeden Lebens. Goethe spricht vom „Erzklang des Lebens". Darin sind eingeschlossen die Grundgefühle eines vollen Lebens, ohne die es überhaupt kein Leben gibt.

Käthe Kollwitz auf eine Umfrage
zur Würde der Kunst, um 1943

Eine Künstlerin mit internationaler Strahlkraft

Käthe Kollwitz – geboren 1867 in Königsberg, gestorben im April 1945 in Moritzburg in den letzten Kriegstagen des Zweiten Weltkriegs – ist heute eine berühmte Künstlerin. Man kennt und schätzt sie und ihr Werk in Europa wie den USA, in Russland, Japan und China. Ihre Arbeiten sind zu sehen in zwei eigens für sie gegründeten Museen in Köln und Berlin. In den beiden Bundesgedenkstätten – Alt St. Alban in Köln sowie der zentralen Gedenkstätte der Bundesrepublik Deutschland für die Opfer von Krieg und Gewaltherrschaft in der Neuen Wache in Berlin – befinden sich Nachbildungen von Käthe Kollwitz.

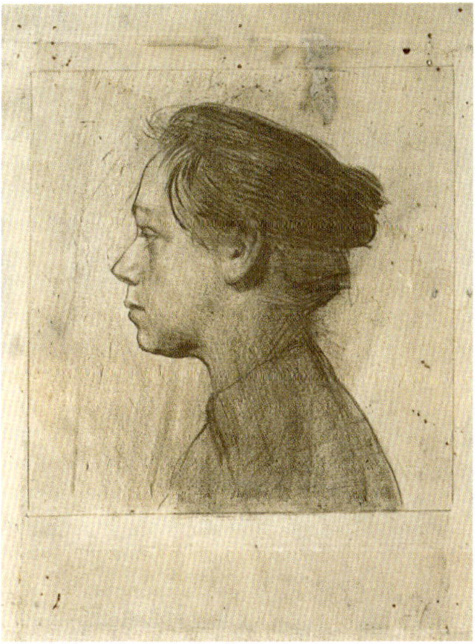

Selbstbildnis im Profil nach links, 1899, Kreide- und Pinsellithografie, 15 × 15 cm

Ihre Kunst ist vielfach Mahnung, Klage und Anklage, sie selbst wird als Zeichnerin der „Enterbten" erlebt, die das Elend ihrer Zeit anprangerte und für Frieden und Gerechtigkeit kämpfte. Ins Gedächtnis gebrannt haben sich ihre einprägsamen Plakate, darunter *Deutschlands Kinder hungern*, entstanden auf dem Höhepunkt der Inflation 1923, oder *Nie wieder Krieg* von 1924, das nach 1945 zu einer Ikone der Friedensbewegung wurde. Die Menschlichkeit dieser Künstlerin, die auf ihren Selbstbildnissen so ernst erscheint, ihr Mitgefühl und ihre Fähigkeit zum Mitleiden zogen die Menschen in ihren Bann.

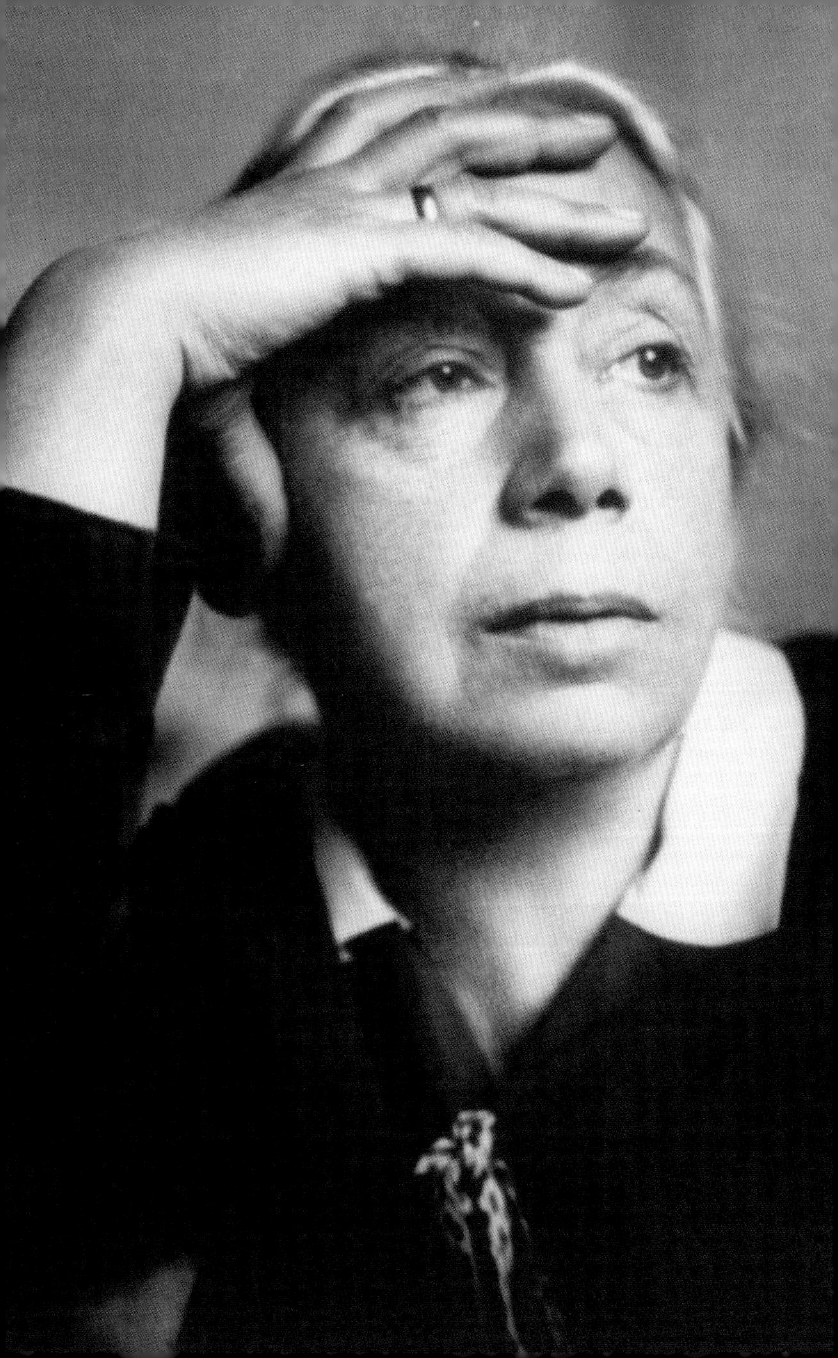

Ihr Werk hat immer wieder dazu verleitet, die Künstlerin als schwermütig, ja depressiv darzustellen. Zwar prägten zwei Weltkriege und persönliche Schicksalsschläge ihr Schaffen, wechselten sich künstlerisch produktive mit unproduktiven Phasen ab, unter denen die Künstlerin sehr litt, doch gab es auch eine andere, unbekanntere Seite dieser beeindruckenden Frau und Künstlerin. Als Studentin beispielsweise lebte und arbeitete sie inmitten der Münchner Boheme mit allen ihren schillernden Facetten und genoss dort das freie Leben, verbrachte zwei Aufenthalte in Paris, der Metropole der modernen Kunst, besuchte dort Kneipen und Tanzlokale auf dem Montmartre und durchwanderte Italien allein mit einer Freundin – keine Selbstverständlichkeit für eine Frau ihrer Zeit.

Sie war zudem in ihrer Familie berühmt für ihr Lachen, ihre Kameradschaftlichkeit, die nie rechnete, ihre Fröhlichkeit bei Festen und ihr Talent, sich zu verkleiden. Ihr Sohn Hans berichtet: „Was konnte die Mutter lachen und wie sehnte sie sich, zu lachen. Menschen, die sie nur erlebt haben mit ihren guten traurigen Augen zuhörend, oder die sie nur von ihren Arbeiten her kennen, kennen nur einen Teil von ihr, und nicht den, der Freude hatte an der Bejahung, an den jungen Menschen, am Witz, am Lachen, am Übermut, an der Komik."

So widersetzen sich Käthe Kollwitz' Biografie, ihr Leben und Schaffen, ihr herausragendes Œuvre, ihre Zeichnungen, Druckgrafiken, Plastiken und Plakate jeglicher Voreingenommenheit und wollen vor diesem Hintergrund immer wieder neu entdeckt werden.

Unbeschwerte Kindheit

EIN UNGEWÖHNLICH FORTSCHRITTLICHES ELTERNHAUS

Königsberg, das heutige Kaliningrad in Russland, ist bis zum Ende des Zweiten Weltkriegs 1945 die Hauptstadt der preußischen Provinz Ostpreußen und seit Gründung des Deutschen Kaiserreiches 1871 dessen östlichste Großstadt im Norden unweit der russischen Grenze. Wirtschaftlich spielt Königsberg mit seinem großen Ausfuhrhafen im Kaiserreich eine wichtige Rolle. Vor allem aber ist es die Stadt der Aufklärung. Hier hat der herausragende Philosoph Immanuel Kant (1724–1804) gelebt und seine Ideen zu selbstständigem, verantwortlichem Denken verbreitet gemäß dem Leitspruch: „Habe Mut, dich deines eigenen Verstandes zu bedienen!"

Wir wuchsen wohl still auf, aber in fruchtbarer und gehaltvoller Stille. Als wir dann entlassen wurden […] schlug das Leben so andere Wellen, schien es in allen Kämpfen und Freuden so viel hinreißender und mächtiger, daß eine Zeit kam, wo mir Königsberg, vor allem die Freie Gemeinde, überlebt und überwunden schien. Es waren nur Zeiten. Im Grunde fühlte ich immer […] Verbundensein und Dankbarkeit.

Käthe Kollwitz in ihren *Erinnerungen*, 1923

Eine geistig und politisch fortschrittliche Haltung prägt auch das Elternhaus, in das die kleine Käthe Schmidt am 8. Juli 1867 hineingeboren wird. Maßgeblich ist ihr Großvater mütterlicherseits, Julius Rupp. Dieser angesehene evangelische Theologe und Divisionspfarrer der Schlosskirche spricht sich öffentlich für Gewissensfreiheit und gegen jegliche staatlichen Glaubenszwänge aus – und wird deshalb im preußischen Obrigkeitsstaat aller Ämter enthoben. Woraufhin er 1846 eine eigene Kirchengemeinschaft gründet, die erste Freie evangelische Gemeinde Deutschlands, und fortan religiöse – und politisch brisante – Vorstellungen von einem Himmelreich auf Erden ohne Herren und Knechte, einem einzigen klassenlosen Menschengeschlecht predigt. In dieser biblischen Vorstellung fühlt Rupp sich durch die Aufklärung bestätigt. Er will dieses Gottesreich in der Freien Gemeinde vorbereiten und dafür als Erstes durch barmherzige Werke Not und Elend aus der Welt schaffen. Rupp ist überzeugter Republikaner und setzt große Hoffnungen in die 48er-Revolution. Auf die „Märzgefallenen", die in Berlin für demokratische Rechte im Barrikadenkampf gegen die Truppen des preußischen Königs Friedrich Wilhelm IV. im Frühjahr 1848 ihr Leben gelassen haben, hält Rupp eine aufsehenerregende Rede.

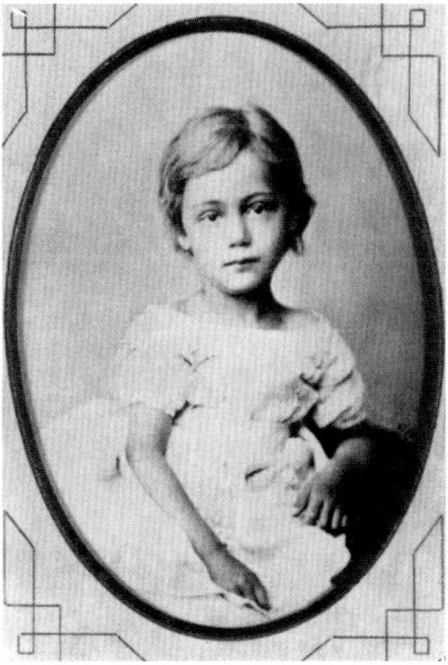

Käthe Kollwitz im Alter von fünf Jahren, 1872

Als Rupps zukünftiger Schwiegersohn Carl Schmidt – ein angehender Jurist – in die Freie evangelische Gemeinde eintritt, kostet ihn dieser Schritt die Karriere in preußischen Justizdiensten. Auch Schmidt ist Republikaner und macht daraus keinen Hehl. Später wird er seine vier Kinder Konrad (geb. 1863), Julie (geb. 1865), Käthe (geb. 1867) und Lisbeth, genannt Lise (geb. 1870), in der Tradition der 1848er-Revolution erziehen und ihnen Ferdinand Freiligraths Gedicht „Die Toten an die Lebenden" vorlesen, ein Revolutionslied, in dem der Dichter den Märzgefallenen ein literarisches Denkmal gesetzt hat. Käthe Kollwitz erinnert sich: „Dies Gedicht machte einen unverwischbaren Eindruck auf mich. Barrikadenkämpfe – Vater und Konrad [ihr Bruder] daran beteiligt, ich ihnen die Flinten ladend, das waren heroische Fantasien." Später bezeichnet sie ihren Vater als „Hinüberführer zum Sozialismus".

Schmidt muss, nachdem seine juristische Laufbahn gescheitert ist, noch einmal ganz von vorn anfangen. Er erlernt das Maurerhandwerk von der Pike auf und macht 1859 seinen Meister. Noch im gleichen Jahr heiratet er Rupps Tochter Katharina und eröffnet eine bald florierende Baufirma am Stadtrand von Königsberg auf dem Weidendamm, direkt an einem der Flussarme des Pregels. Hier legen die Schleppkähne mit den Bauziegeln an, die im Hof aufgeschichtet auf den Weitertransport zu den Baustellen warten. Käthe und ihren drei Geschwistern beschert das Leben auf dem Bauhof eine herrliche Kindheit mit unendlichen Spielgelegenheiten, frei von allen Zwängen und bürgerlichen Konventionen.

Als Käthe neun Jahre alt ist, endet diese Zeit. Der Vater hat es zu so viel Wohlstand gebracht, dass er die Baufirma aufgeben und von nun an als Rentier von den Zinsen seines Vermögens leben kann. Er bezieht mit seiner Familie eine Wohnung in der vornehmen Königstraße in einem der schönsten, von ihm selbst gebauten Häuser, wie Käthe Kollwitz später stolz bemerkt. Höhepunkt im Leben der jungen Käthe sind von nun an die Sommerferien in dem noch ziemlich verschlafenen Ostseebad Rauschen (heute Swetlogorsk), 40 Kilometer entfernt von Königsberg. In diesem „Kinderparadies" erwirbt ihr Vater ein Haus. Heute erinnert eine Plakette an diesem einzigen noch erhaltenen Domizil der Künstlerin an seine berühmte ehemalige Bewohnerin.

Die Eltern gewähren ihren Töchtern ungewöhnlich viele Freiheiten. Käthe profitiert dabei von der in der Freien Gemeinde herrschenden Tendenz zur Gleichberechtigung zwischen Mann und Frau. Denn Rupp gesteht Frauen in einer Zeit, als diese für gewöhnlich keinem Beruf nachgehen dürfen und sich stattdessen um Haushalt und Kinder kümmern sollen, sogar die Ausübung eines Berufes zu – solange sie dabei nicht die Pflichten des Haushalts vernachlässigen. Auch dürfen sich Mädchen wie Jungen literarisch bilden. Und so steht Käthe der Bücherschrank vorbehaltlos offen. Sie liest Schiller und Goethe. Letzterer wird sie ihr Leben lang begleiten.

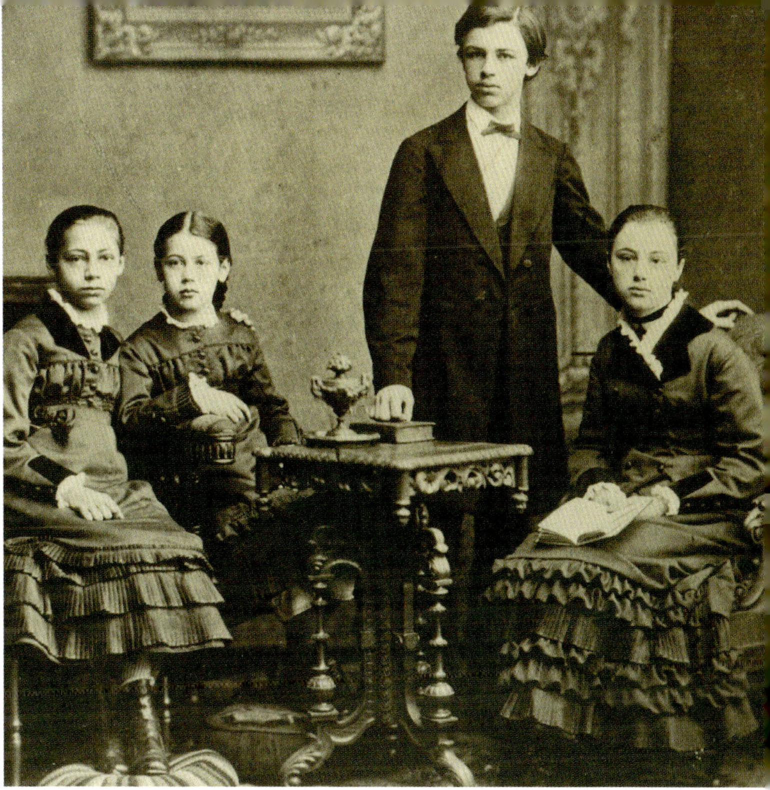

Die Kinder Schmidt, von links: Käthe, Lisbeth, Konrad, Julie, um 1880

Die Eltern erlauben schon der Jugendlichen, nachmittags gemeinsam mit ihrer jüngeren Schwester Lise stundenlang allein durch Königsberg zu streifen: „Wir bummelten durch die ganze Stadt und zu den Toren heraus, ließen uns über den Pregel setzen und strichen am Hafen herum. Dann standen wir wieder und sahen den Sackträgern zu, dem Auf- und Abladen der Schiffe. [...] Wir wußten, wo die Witinnen, die Getreideschiffe, lagen mit den Jimkes [eigentl. Dschimken] drauf in Schafspelzen und mit lappenumwickelten Füßen. Russen oder Litauer waren das, gutmütige Leute. Abends spielten sie auf den flachen Schiffen die Ziehharmonika und tanzten dazu. [...] Wenn meine späteren Arbeiten durch eine ganze Periode nur aus der Arbeiterwelt schöpften, so liegt der Grund dazu in jenen Streifereien durch die enge, arbeiterreiche Handelsstadt."

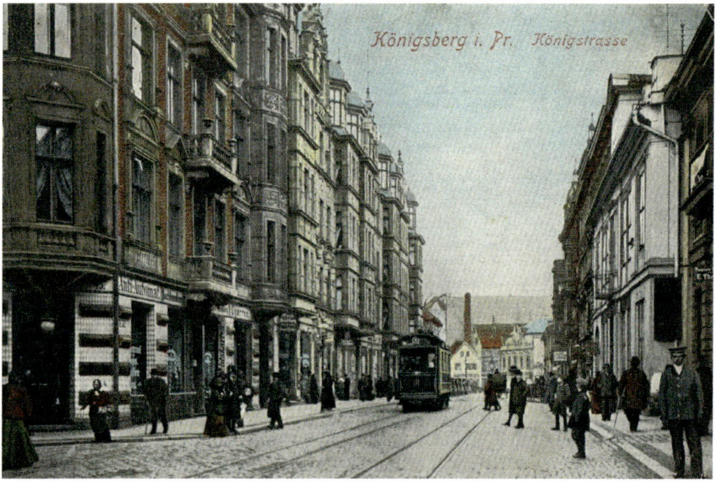

Die Königstraße in Königsberg, 1914

Doch die Zugehörigkeit zur Freien Gemeinde beschert Käthe Schmidt auch negative Erfahrungen. So zum Beispiel, als sie sich zum ersten Mal verliebt und der Junge ihr erklärt, dass er sie als Mitglied der Freien Gemeinde nicht heiraten könne. Letztlich wird der Blick auf die Liebe sich generell bei Käthe Kollwitz als durchaus modern erweisen, wie ihre *Erinnerungen* von 1923 verdeutlichen: „Von dieser meiner ersten Verliebtheit an bin ich immer verliebt gewesen [...]. Mitunter waren es Frauen. Gemerkt haben es die, in welche ich verliebt war, selten. [...] Rückblickend auf mein Leben muß ich zu diesem Thema [...] dazufügen, daß, wenn auch die Hinneigung zum männlichen Geschlecht die vorherrschende war, ich doch wiederholt auch eine Hinneigung zu meinem eigenen Geschlecht empfunden habe [...]. Ich glaube auch, daß Bisexualität für künstlerisches Tun fast notwendige Grundlage ist, daß jedenfalls der Einschlag M. [Mann] in mir meiner Arbeit förderlich war." Dass Käthe Schmidt männliche Eigenschaften für ihren künstlerischen Werdegang als hilfreich erachtet, verwundert nicht, bedenkt man, dass ihr starkes, kraftvolles Schaffen zu Lebzeiten immer wieder mit dem Etikett „männlich" versehen wurde. Lange nachdem sie sich bereits einen Namen gemacht hat, wird sie sich noch das absurde Lob anhören müssen, sie sei unter den neueren Radierern der einzige Mann.

ERSTER ZEICHENUNTERRICHT

Doch zurück zu den Anfängen. Die junge Käthe Schmidt zeigt früh zeichnerisches Talent. Ihr Vater ist darüber hocherfreut und will sie zur Malerin ausbilden lassen. Der Schwierigkeiten, die damit für eine Frau verbunden sind, ist er sich – so Käthe später – durchaus bewusst: „Leider war ich ein Mädchen, aber auch so wollte er alles daransetzen." Da der Vater seine Tochter nicht für besonders hübsch hält, rechnet er damit, dass ihr „Liebessachen nicht sehr hinderlich in den Weg kommen" werden – anscheinend hat er hinsichtlich der Vereinbarkeit von Familie und Beruf für eine Frau berechtigte Bedenken.

Ab dem 14. Lebensjahr erhält Käthe in Königsberg Privatunterricht im Zeichnen. Der Lehrer, ein heute unbekannter Künstler, leitet an der Königsberger Akademie die Freihandzeichen- und Gipszeichenklasse, die Kunststudenten generell zu Anfang ihres Studiums besuchen müssen. Die Wahl des Vaters fällt vermutlich auf diesen Lehrer, weil er seiner Tochter eine ebenso gute Ausbildung zukommen lassen möchte wie sie männliche Künstler an Akademien genießen, zu welchen die Frauen bis zu Beginn der Weimarer Republik noch nicht zugelassen sind. Wenn ihre Angabe des Alters stimmt – Käthe Kollwitz steht mit Zahlen etwas auf Kriegsfuß – muss sie bei diesem Lehrer, der keineswegs zu den besten Kräften in Königsberg gehört, wie sie später behauptet, fünf Jahre ausharren. Besonders gerne zeichnet sie mehrfigurige Kompositionen, darunter einmal *Martin Luthers Verbrennung der päpstlichen Bannandrohungsbulle im Jahre 1520*. Vermutlich ist es die Nachzeichnung eines berühmten Gemäldes des Historienmalers Carl Friedrich Lessing (1808–1880), den Käthes Vater wegen seiner Reformationsbilder besonders schätzt nicht zuletzt, weil die Freie Gemeinde sich in der Nachfolge von Martin Luthers sieht.

Entscheidende Jahre in Berlin und München

EIN PROBEJAHR IN BERLIN

1886 kommt Käthe Schmidt, inzwischen 19 Jahre alt, zum ersten Mal aus Ostpreußen heraus. Sie darf mit ihrer jüngeren Schwester Lise die Mutter zu einer Kur ins Engadin begleiten. Auf der Durchreise besuchen sie in Berlin an einem Abend den noch unbekannten jungen Dichter Gerhart Hauptmann (1862–1946) in Erkner. Über das festliche Beisammensein – alle haben Rosenkränze im Haar – schwärmt Käthe Kollwitz noch im hohen Alter: „Es war ein wundervoller Auftakt zu dem Leben, das sich dann allmählich, aber unaufhaltsam mir eröffnete." An diesem Abend werden der jungen Käthe Schmidt zum ersten Mal die Augen für neuere Kunst geöffnet. Gegen die Königsberger Künstler mit ihren angestaubten Historienschinken und kitschigen, sensationsheischenden **Genrebildern***, die für Käthe bisher Inbegriff der Moderne gewesen sind, halten Hauptmann und der junge Dichter Arno Holz (1863–1929) einen regelrechten Feldzug.

Im Anschluss an diese Reise darf Käthe Schmidt in Berlin die 1868 gegründete Zeichen- und Malschule des Vereins Berliner Künstlerinnen und Kunstfreundinnen besuchen. Diese war die erste öffentliche Institution, an der Frauen in Deutschland eine grundlegende und systematische künstlerische Ausbildung erhielten, noch bevor in den frühen 1880er-Jahren auch in Karlsruhe und München solche Schulen für Künstlerinnen eröffnet wurden. Dass der Vater Käthe nach

---

* *Als* **GENREBILDER** *werden Darstellungen von Sitten und Gebräuchen bestimmter Berufs- oder Standesgruppen verstanden. Die Gemälde sind Schilderungen des Volkes und thematisieren alltägliche Szenen. Im 16. und 17. Jahrhundert entwickelte sich die Genremalerei vor allem in den Niederlanden zu einer selbstständigen Gattung, im 19. Jahrhundert erlebte sie einen erneuten Höhepunkt in der gesamten europäischen Kunst.*

> Frisch wie eine Rose im Tau, ein anmutiges, kluges Mädchen, das, in tiefer Bescheidenheit, allerdings von Künstlerberufung nichts sprach noch merken ließ.

Gerhart Hauptmann über seine erste Begegnung mit Käthe Kollwitz, 1886

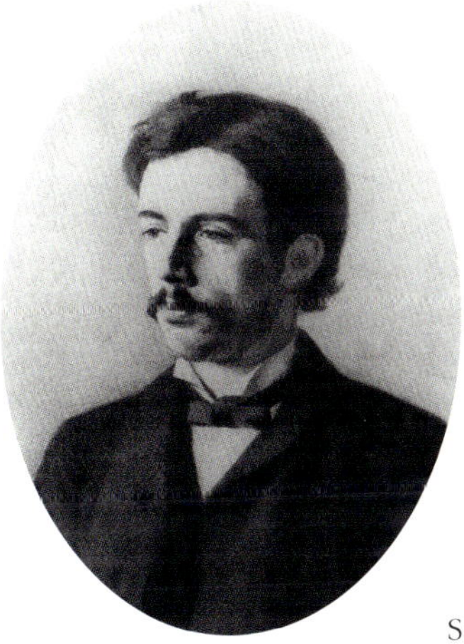

Konrad Schmidt, um 1886/87

Berlin schickt, dürfte einen ziemlich prosaischen Grund haben: Für ein so junges Mädchen ziemt es sich nicht, völlig unbeaufsichtigt in einer fremden Stadt zu leben. In Berlin können die Geschwister Julie und Konrad sich um Käthe kümmern, Letzterer studiert dort.

An der Künstlerinnenschule besucht Käthe Schmidt fünf Tage pro Woche von 9 bis 13 Uhr die Porträtklasse des Schweizer Künstlers Karl Stauffer-Bern (1857–1891). Diese ist nur den begabtesten Schülerinnen vorbehalten. Käthes Zeichnungen entsprechen allerdings qualitativ noch nicht den Ansprüchen ihres Lehrers. Und da gerade das Zeichnen im 19. Jahrhundert – wie überhaupt seit der Renaissance – als grundlegende Fertigkeit jeglicher künstlerischer Betätigung gilt, soll sich Käthe zunächst in dieser Disziplin verbessern, bevor sie sich der Malerei zuwenden darf. Eines ihrer damals entstandenen Gemälde, ein Porträt ihres Bruders Konrad, welches lediglich als Foto erhalten ist, verrät in der plastischen Modellierung und seiner besonders präzisen Bildauf-

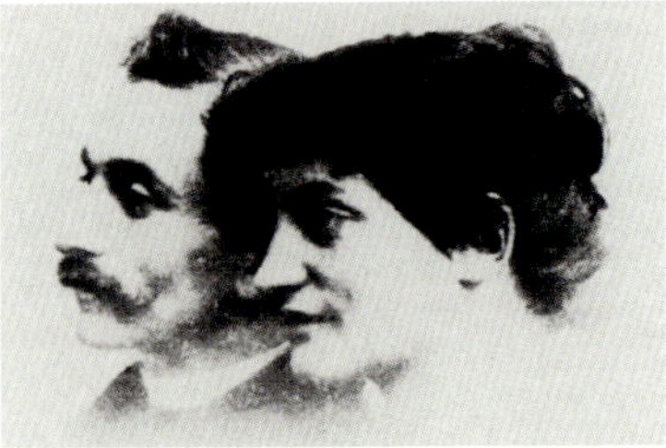

Das Ehepaar Beate Bonus-Jeep und Arthur Bonus, um 1895

fassung den Einfluss des Lehrers.

Im Anatomiekurs, einer Nachmittagsveranstaltung, sitzt Käthe neben Beate Bonus-Jeep. Zu der eher schriftstellerisch begabten jungen Frau entwickelt die Künstlerin eine lebenslange tiefe Freundschaft. Nach dem Tod von Käthe Kollwitz wird Bonus-Jeep aus den vielen Briefen, die ihr die Freundin im Laufe ihres Lebens schreibt, eine sehr persönliche Biografie zusammenstellen. Diese Briefe zeigen oft eine viel lebensfrohere Kollwitz als die Tagebücher der Künstlerin, die seit 1908 vorliegen.

Doch zurück zur frühen Ausbildung der Künstlerin: Stauffer-Bern möchte Carl Schmidt dazu bewegen, seine Tochter die Berliner Künstlerinnenschule ein weiteres Jahr besuchen zu lassen. Daraus wird, wie Käthe später betont, zu ihrem Glück nichts, verlässt der Lehrer doch im folgenden Jahr die Schule und findet ein tragisches Ende – eine Liaison mit der verheirateten Tochter des Schweizer Eisenbahnkönigs Alfred Escher treibt ihn und seine Geliebte 1891 in den Selbstmord.

EIN TURBULENTES JAHR IN KÖNIGSBERG

Im Sommer 1887 kehrt Käthe Schmidt nach Königsberg zurück. Dort lässt ihr der Vater wieder Privatstunden erteilen, dieses Mal bei dem Königsberger Akademieprofessor Emil Neide (1843–1908), einem – wenn auch nur in Ostpreußen – geschätzten Historienmaler. Ausgerechnet sein bekanntestes Gemälde ist bei dem bereits erwähnten festlichen Zusammensein bei Gerhart Hauptmann ein Jahr zuvor verächtlich „als ein Bild für Dienstmädchen“ bezeichnet worden. Kein Wunder, dass für Käthe unter diesem Lehrer – auch wenn sie nun allmählich daran denken darf, „Bilder“ zu malen – eine „triste Zeit“ beginnt, in der sie „reichlichen Malkater“ hat. Ihre Vorstellungen von Kunst scheinen sich inzwischen schon deutlich von denen des Vaters entfernt zu haben.

Karl Kollwitz, um 1887

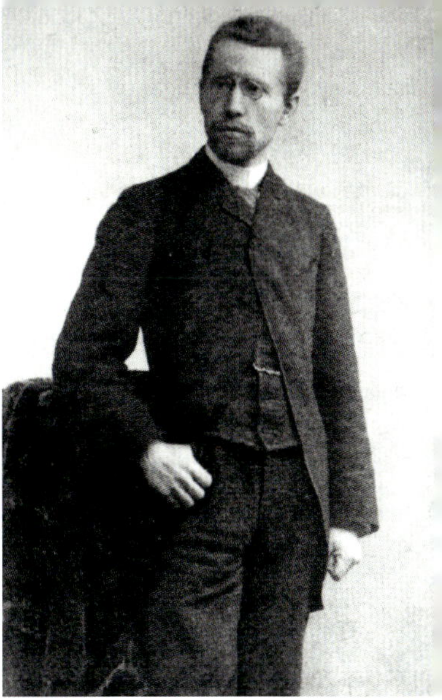

Ich kenne keinen Menschen, der so liebhaben kann, so mit ganzester Seele. Oft hat mich diese Liebe gequält, ich wollte freier sein. Oft aber hat sie mich auch so beglückt.

Käthe Kollwitz über ihren Ehemann in ihren Tagebüchern, 1910

Eines der einprägsamsten Ereignisse im Leben der jungen Käthe Schmidt dürfte in diesem Jahr eine Hausdurchsuchung im Königsberger Elternhaus gewesen sein. Ihr Bruder Konrad, studierter Nationalökonom, kehrt gerade von einer Reise nach London zurück, wo er Friedrich Engels aufgesucht hat, der nach dem Tod von Karl Marx die graue Eminenz des frühen Marxismus und der Arbeiterbewegung ist. Bei seiner Rückkehr werden in einer seiner Bücherkisten einige Exemplare der in Deutschland verbotenen Züricher Wochenzeitung *Der Socialdemokrat* entdeckt. Ein „Vergehen", das im Rahmen des damals bestehenden Sozialistengesetzes, von dem sich der Reichskanzler Bismarck die Beseitigung der Sozialdemokratie erhofft, mit Gefängnis geahndet werden kann. Es kommt zur Anklage, die aber glücklicherweise niedergeschlagen wird. Das Elternhaus steht fest zu Konrad. Nach dem Fall des Sozialistengesetzes wird der Vater sogar noch im hohen Alter mit Konrad in die SPD eintreten.

Wenige Monate später findet sich am 12. Juli 1888 in der Königsberger *Hartung'schen Zeitung* die Verlobungsanzeige von Käthe Schmidt und Karl Kollwitz. Karl ist studierter Mediziner. Wie die Familie Schmidt ist er Mitglied der Freien Gemeinde und Sozialdemokrat.

Käthe Schmidt muss ihn als Schulfreund ihres Bruders Konrad bereits in den frühen 1880er-Jahren kennengelernt haben. Am 28. September 1885, ein Jahr bevor Käthe nach Berlin zu Stauffer-Bern auf die Künstlerinnenschule kommt, haben sich die beiden heimlich verlobt. Vielleicht weil Käthe fürchtete, dass ihr Vater sie, wenn er davon erführe, nicht weiter zur Künstlerin ausbilden lassen würde?

An ihre Verlobungszeit erinnert Käthe Kollwitz sich später nicht so gerne, obwohl die Verbindung sicher nicht, wie im 19. Jahrhundert häufig noch üblich, von den Eltern arrangiert wurde. Dafür spricht allein die Tatsache, dass die Verlobungsanzeige gemeinsam von Käthes Eltern und den Verlobten unterzeichnet ist. Vielmehr spürt Käthe ein Unbehagen, da sich Verlobte damals ihre Gefühle füreinander kaum zeigen und höchstens in Briefen äußern dürfen. 1919 erinnert sich die Künstlerin: „Jene Zeit kommt mir so [...] vor als ob ich [sie] kaum durchlebt hab. Wohl gab es starkes und warmes und echtes Gefühl, weiß Gott, aber das war doch mehr in mir eingeschlossen. Was davon nach außen trat in die konventionellen Erscheinungen des Brauttums war mir nicht ganz echt in Form. [...] Viel wahrer war die Ehe. Schon in der ersten Zeit. Da gab es Sturm, freie Liebe, keine Sentimentalitäten, kein hergebrachtes konventionelles Gehabe."

STUDIENJAHRE AN DER MÜNCHNER DAMENAKADEMIE

Im Herbst 1888 schickt Carl Schmidt, der seine Pläne mit Käthe durch ihre Verlobung gefährdet sieht, die 21-Jährige weit weg auf die Künstlerinnenschule in München, das auf dem Gebiet der Historienmalerei in Deutschland als führend gilt. Sie darf sich ein Zimmer mieten und genießt es in vollen Zügen, sich erstmals in ihrem Leben im Besitz eines eigenen Hausschlüssels zu befinden. Auf einem Selbstbildnis dieser Zeit präsentiert sich die angehende Künstlerin ernst, aber mit durchaus selbstbewusster Geste als Malerin vor der Staffelei.

Käthe Schmidt wohnt in der Georgenstraße in Schwabing nahe der Künstlerinnenschule. Ob Eltern und Verlobter wissen, dass ausge-

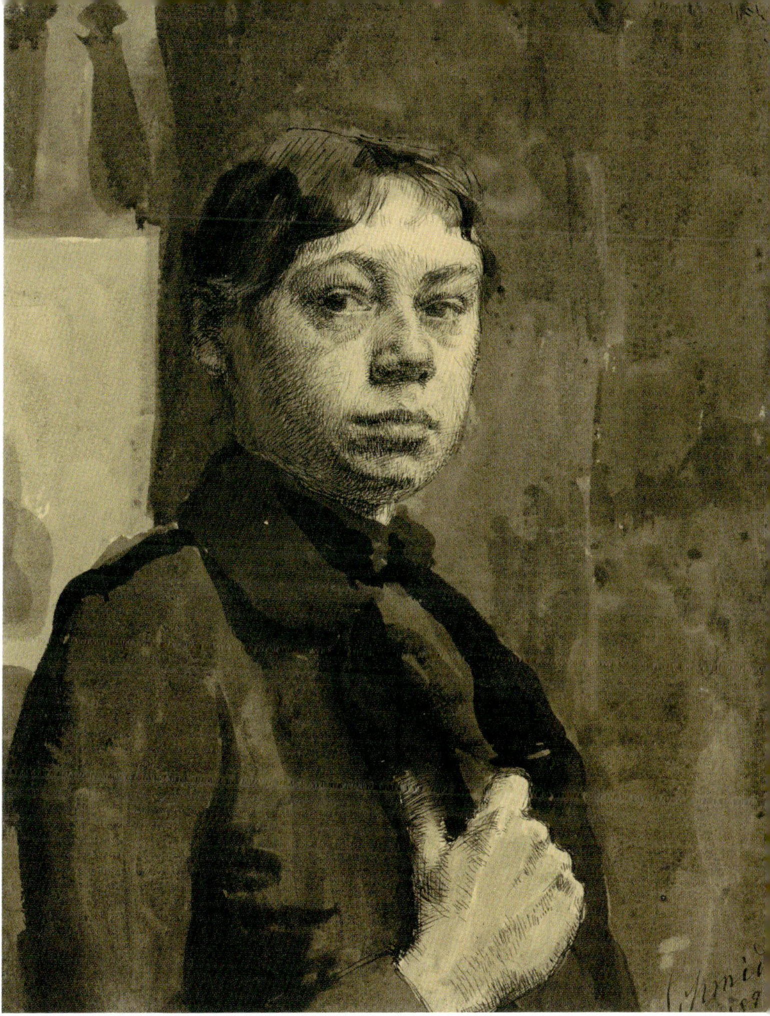

Selbstbildnis, 1889, Feder in Tusche und Pinsel in Sepia auf Zeichenkarton, 31,2 × 24,2 cm

Das freie, mir sehr wohl gefallende Leben in München erweckte Zweifel in mir, ob ich wohlgetan hätte, mich so frühzeitig durch Verlöbnis zu binden. Die freie Künstlerschaft lockte sehr.

Käthe Kollwitz in ihrem *Rückblick auf frühere Zeit*, 1941

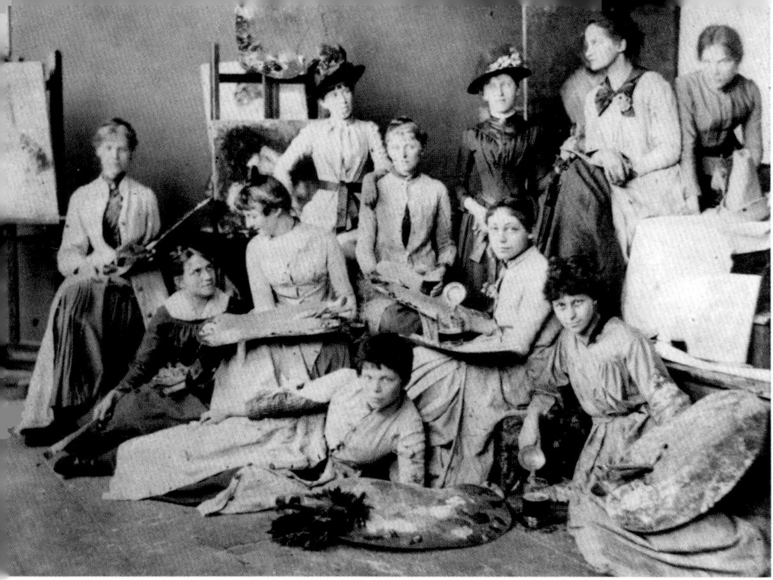

Die Malklasse von Ludwig Herterich an der Damenakademie des Münchner Künstlerinnenvereins, 1889, vorn Mitte: Käthe Kollwitz

rechnet dieser Stadtteil sich gerade zu einem Ort der Boheme entwickelt? Die Kunststudentinnen der sogenannten Damenakademie sind daran nicht ganz unschuldig. Im Gegensatz zu den eleganten Berliner Künstlerinnen sind sie für eine „ungepflegte" Genialität und einen freieren Ton bekannt. In welchem Ruf die jungen Frauen stehen, verrät eine Anekdote der Studienfreundin Beate Bonus-Jeep, die Käthe in ihrer Münchner Malklasse wiedertrifft: Weil einige der jungen Malerinnen, darunter auch Käthe Schmidt, ohne Hut und mit farbbeklecksten Malkitteln sich in Steinkrügen aus den umliegenden Geschäften ihre Farbe besorgen, heißt es, die Schülerinnen der Malschule würden sich schon am Vormittag mit Starkbier betrinken. Man möchte ein erhaltenes Foto der Malklasse fast als provokante Antwort auf diese Gerüchte interpretieren, hält Käthe doch auffällig einen halb gefüllten und geöffneten gläsernen Bierkrug in ihrer Hand. Die Freizeit verbringen die jungen Frauen in Cafés, mit abendlichen Streifzügen durch die Stadt zum Hofbräukeller und auf Kostümfesten – alles keine Beschäftigungen für höhere Töchter. Kostümfeste und Maskenbälle werden auch im weiteren Leben der Künstlerin alljährliche Höhepunkte bleiben.

Die Studentinnen haben aber nicht nur Vergnügungen im Kopf. Hitzig diskutieren sie die Frauenfrage und lehnen sich innerlich gegen die verlogene Moral und die Bevormundung der Frauen in der wilhelminischen Gesellschaft auf. Bestätigung finden sie in der zeitgenössischen naturalistischen Literatur. Sie lesen Henrik Ibsens Schauspiel *Nora oder ein Puppenheim* (1879), in dem eine von ihrem Mann enttäuschte Frau die Ehe verlässt, und sie studieren die jüngst erschienenen Radierfolgen des symbolistischen Künstlers Max Klinger (1857–1920), von denen zwei das tragische Schicksal unverheirateter Mädchen schildern, die eine Liebesbeziehung eingehen. Die eine endet als Prostituierte, die andere stirbt an den Folgen einer Abtreibung durch eine der berüchtigten „Engelmacherinnen". Klinger ist der erste Künstler, der in diesen Zyklen nicht allein den Frauen die Schuld an ihrem Schicksal zuschiebt und damit die Doppelmoral seiner Zeit entlarvt. Dafür sind ihm nicht nur die jungen angehenden Künstlerinnen in München dankbar.

Seit der Münchner Studienzeit beschäftigt sich Käthe Schmidt in ihren Werken immer wieder mit Frauen, die durch Schwangerschaft in Not geraten sind. Anfänglich greift sie dabei auf literarische Figuren wie das Gretchen aus Goethes *Faust* (1808) zurück und zeigt sich stilistisch von Klingers **Symbolismus*** beeindruckt. Nach 1900 wendet sie sich bei diesem Thema dem Schicksal der Proletarierinnen ihrer Zeit zu.

---

* *Unter* **SYMBOLISMUS** *versteht man eine künstlerische Richtung, die sich von etwa 1885 bis 1910 in Literatur wie bildender Kunst etablierte. Im Gegensatz zu Naturalismus oder Impressionismus, die sich der sichtbaren Wirklichkeit zuwandten, fanden hier religiöse und romantische Strömungen ihren formalen Ausdruck in einer geheimnisvollen Symbolsprache. Motive aus Religion und Mythologie, traumähnliche Szenen, Erotik, Leidenschaft und Tod sind bildprägend. Als Hauptvertreter gelten Gustave Moreau, Odilon Redon, Pierre Puvis de Chavannes, Fernand Khnopff, Franz von Stuck, Max Klinger und Ferdinand Hodler.*

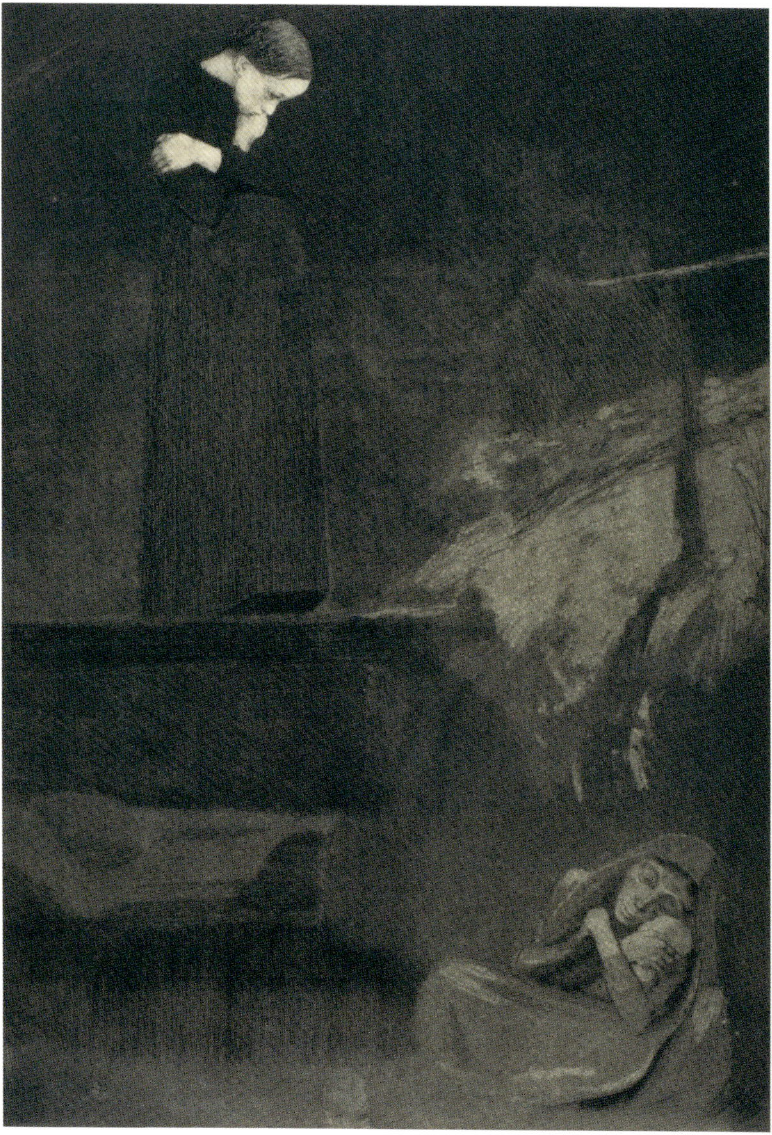

Gretchen, 1899, Radierung, 26,7 × 21 cm

„ZUM ERSTEN MAL FÜHLTE ICH MICH BESTÄTIGT AUF MEINEM WEGE ...“

Als Käthe Schmidt in der bayerischen Metropole studiert, feiert dort die naturalistische **Freilichtmalerei*** ihre ersten großen Erfolge mit Max Liebermann (1847–1935) an der Spitze. Charakteristisch für die naturalistische Kunst sind Darstellungen des alltäglichen Lebens aus dem einfachen Volk. Neu an ihnen ist die sachliche, nüchterne Schilderung. Die Münchner Ausstellungen, in denen bis jetzt die Historienmalerei vorgeherrscht hat, werden nun plötzlich dominiert von Bildern mit arbeitenden Frauen auf dem Feld, alten und jungen Weibern, die Kartoffeln, Gurken und anderes Gemüse schneiden oder schälen, mit Waisenmädchen, die nähen, die selbst oder anderen vorlesen und ähnlich trivialen Beschäftigungen nachgehen. Käthe Schmidt und viele ihrer Generation sind davon fasziniert, dass in diesen Bildern Ehrlichkeit und Wahrheit an die Stelle von oberflächlicher Nachahmung und Effekthascherei treten. Max Liebermann wird zum prägenden Vorbild für die junge Künstlerin, und mit Interesse verfolgt sie seine Entwicklung zum Hauptvertreter des deutschen Impressionismus. Wie groß der Einfluss von Liebermanns Freilichtmalerei auf Käthe Schmidt zu dieser Zeit ist, verraten zwei nicht genau datierbare kleine Ölskizzen der Künstlerin, die man auch für Arbeiten von Liebermann halten könnte. Aus diesem Grund werden sie später von der Kunstgeschichte wohl auch als Biergärten bezeichnet, obwohl sie eher wie ein Rastplatz im Wald wirken. Menschen, die in einem

---

* *Der Begriff* **FREILICHTMALEREI** *(auch Pleinairmalerei) bezeichnet das Malen unter freiem Himmel (en plein air) im Gegensatz zur Ateliermalerei. Liegen die Anfänge im frühen 19. Jahrhundert in der englischen Landschaftsmalerei, so hat sie ihren Höhepunkt im ausgehenden 19. Jahrhundert mit der Schule von Barbizon und den Impressionisten. Atmosphärische Stimmung, natürliche Farb- und Lichtwirkungen sowie häufig ein lockerer Pinselduktus prägen die stimmungsvollen Gemälde.*

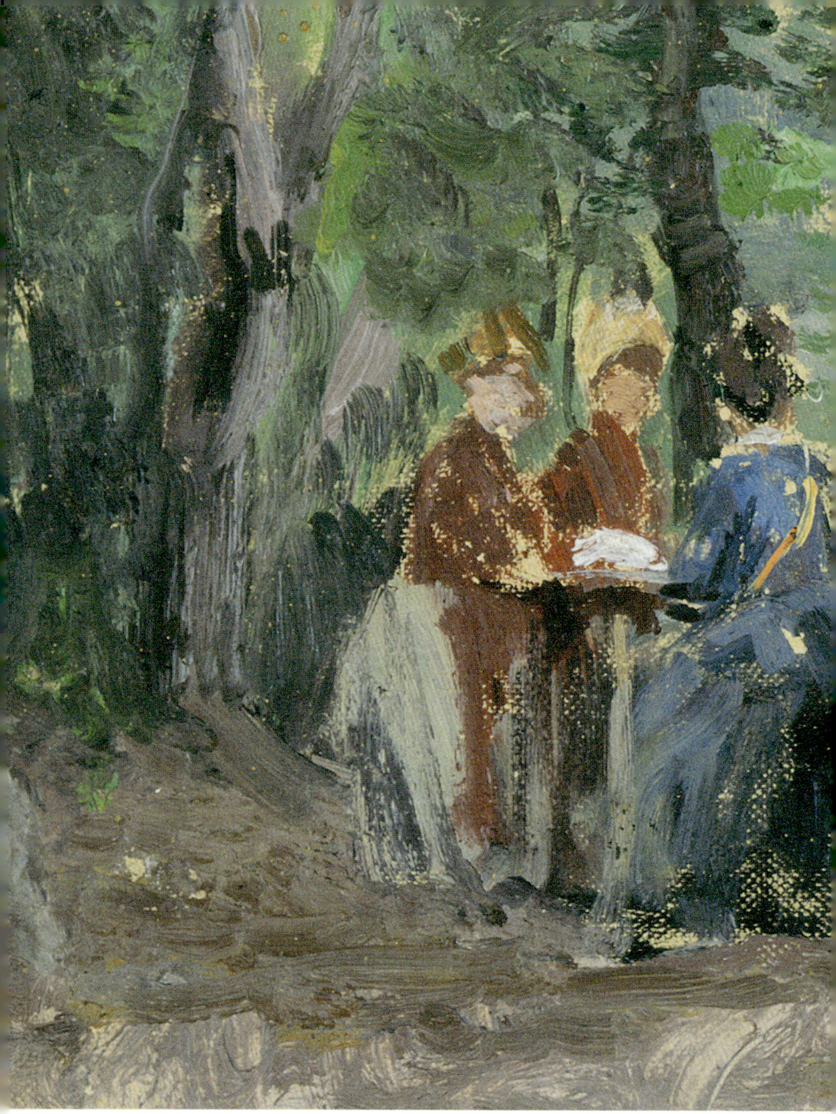

Biergarten, um 1890, Ölskizze, 16,5 × 26 cm

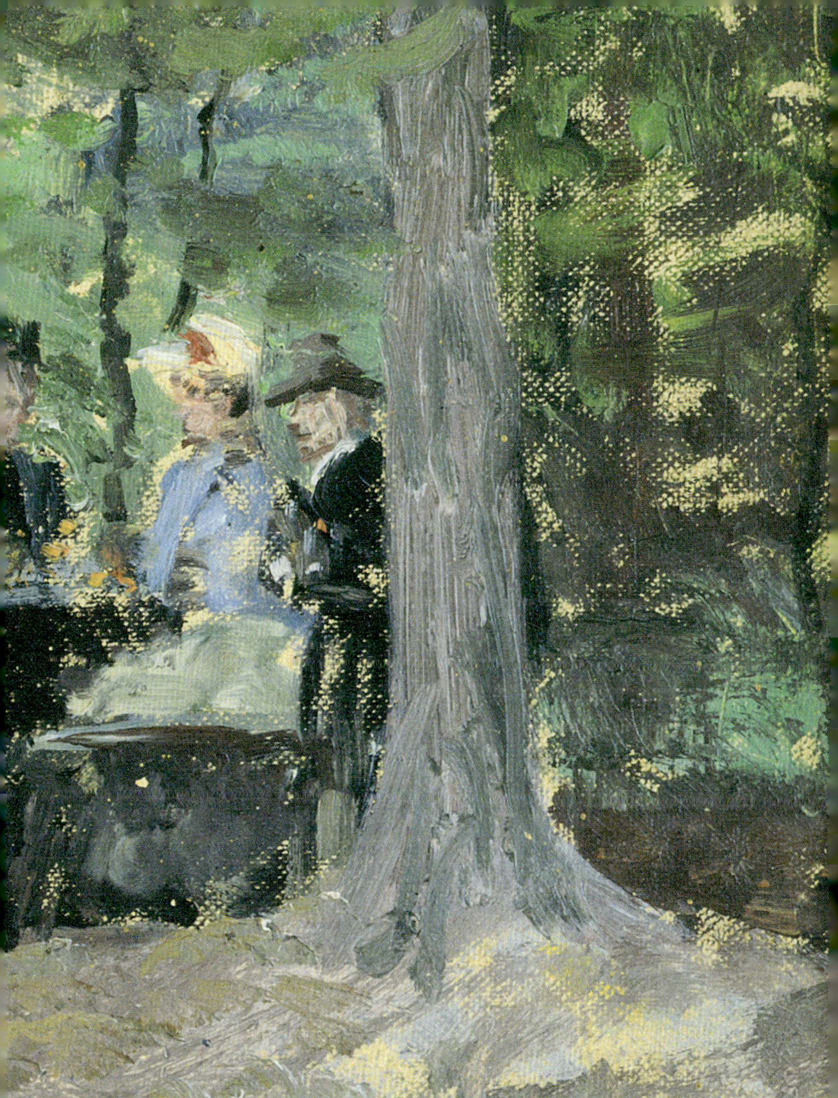

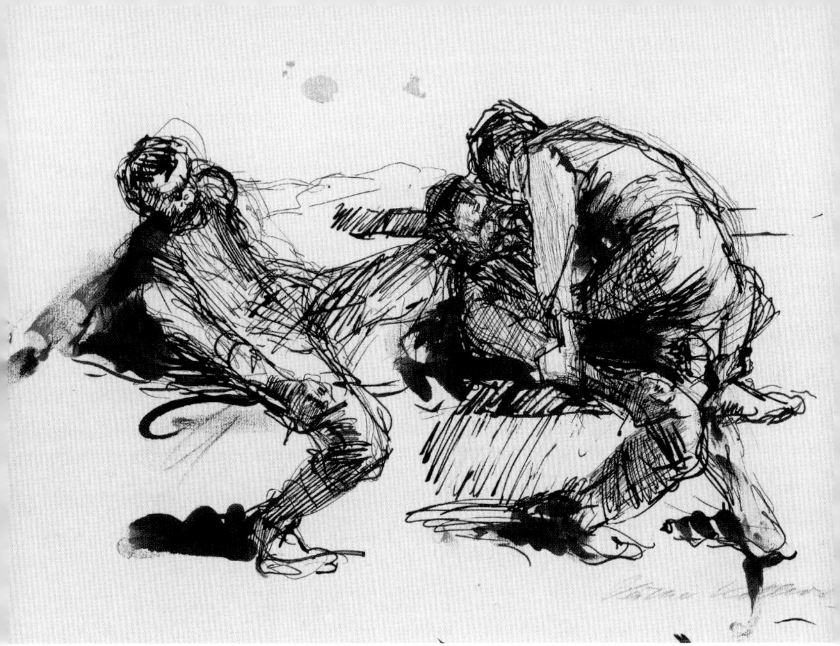

Miteinander ringende Männer, um 1892/93, Feder und Pinsel in Braun, 32 × 49,8 cm

Biergarten oder bei einem Wirtshaus unter Schatten spendenden Bäumen Erholung und Zerstreuung suchen, finden sich im Werk von Liebermann in den 1880er- und 1890er-Jahren zuhauf.

Über den Unterricht an der Damenakademie erfährt man von der Künstlerin nur wenig. Dies ist vermutlich kein Zufall, kommt sie doch in der Malklasse, in der nach dem Akt gemalt wird, „mit der Farbe nicht weiter". Ludwig Herterich ist alles in allem noch stark der Historienmalerei verhaftet und für Käthe Kollwitz daher wohl wenig inspirierend. Ein weiteres Manko der Künstlerinnenschule scheint darin zu bestehen, dass mehrfigurige Kompositionen nicht auf dem Programm stehen. Käthe Schmidt und einige ihrer Studienfreundinnen gewinnen vermutlich deshalb einige Kunststudenten, die sie von der Akademie kennen, für gemeinsame Kompositionsabende. Bei einem dieser Treffen lautet die gemeinsame Aufgabe, einen Kampf darzustellen. Schmidt zeichnet eine Szene aus Emile Zolas Roman *Germinal* (1885), in der zwei Männer um die junge Catherine in einem verrauchten Lokal kämpfen. „Zum ersten Mal fühlte ich mich bestätigt auf meinem Wege, große Perspektiven öffneten sich meiner Phantasie, und die Nacht war schlaflos vor Glückserwartung."

Als es im Sommer 1890 für Käthe Kollwitz nach Königsberg zurückgeht und sie sich in ihrer Heimatstadt ein Atelier mietet, beabsichtigt sie die in München gezeichnete Streitszene als Gemälde auszuführen. Aus diesem Grund möchte sie in einer möglichst authentischen Umgebung Milieustudien machen. Die Königsberger Matrosenkneipen scheinen ihr dazu wie geschaffen: „Ein ganz famoses Lokal, worin die Scene spielen kann, hab ich ausfindig gemacht. Es ist eine wahre Mördergrube, wo Matrosen verkehren, ein wüstes Tanzlokal. Abends ist ein riesiges Spektakel drin. Ich hab mich mit dem Wirth angefreundet und am Vormittag, wenn der Saal leer ist, zeichne ich dort, mit Zittern und Zagen."

Die Hochzeit rückt nun immer näher. Karl Kollwitz ist schon in Berlin, dient dort ein halbes Jahr als Arzt seine Militärzeit ab und sucht gleichzeitig nach einer Möglichkeit, eine eigene Praxis zu eröffnen. Käthe Schmidt wird allmählich bewusst, dass sie nach ihrer Heirat in Berlin in einer kleinen Wohnung keine Bilder malen kann und in den ersten Jahren nach der Hochzeit auch kaum Geld haben wird, um sich ein Atelier zu mieten. So überlegt sie, die Kampfszene zu radieren, und beginnt, Vorübungen mit der Feder zu machen. Von diesen Arbeiten haben sich einige erhalten: Kopf-, Arm- und Händestudien zumeist ihrer selbst.

Auf dem Weg zum Erfolg

HEIRAT UND UMZUG NACH BERLIN

Am 14. Juni 1891 heiraten Käthe Schmidt und Karl Kollwitz in Königsberg. Im Anschluss daran zieht das junge Paar nach Berlin. Karl eröffnet ganz im Norden der Stadt am Prenzlauer Berg eine Praxis als Kassenarzt der Schneiderinnung. Die Weißenburger Straße 25 am Wörther Platz wird das Domizil des Ehepaares für über 50 Jahre bleiben. Der Vater aber ist enttäuscht. Befürchtet er doch, dass Ehe und künstlerische Betätigung sich für seine Tochter nicht vereinbaren lassen, und er ermahnt sie: „Du hast nun gewählt. Beides wirst du schwerlich vereinigen können. So sei das, was du gewählt hast, ganz!" Doch wie sich zeigen wird, kann Käthe Kollwitz durchaus ihr Familienleben – 1892 und 1896 werden ihre Söhne Hans und Peter geboren – mit ihrer künstlerischen Tätigkeit vereinen. Anfangs lebt das junge Paar in sehr beengten Verhältnissen, zwei von vier Zimmern der Mietwohnung müssen als Praxisräume dienen. Ein Atelier wird sich Käthe Kollwitz erst viel später leisten können. Auch wenn sich die Wohnung allmählich vergrößert, indem Räume in anderen Etagen des Hauses hinzugemietet werden, bleibt der Mittelpunkt über fast 50 Jahre die große Stube mit dem Tisch in der Mitte unter einer großen Hänge-

Wie hat die Mutter, als wir Jungens waren und sie in ihrem mittleren Alter, mit uns gelebt. Wie nahm sie Teil an unseren phantastischen Spielen [...] Überhaupt spielte die Schauspielerei eine große Rolle. Sie bejahte sie und hatte Freude an ihr, aber auch an mancher unfreiwilliger Komik, die sich dabei ergab.

Hans Kollwitz über sein Elternhaus, 1948

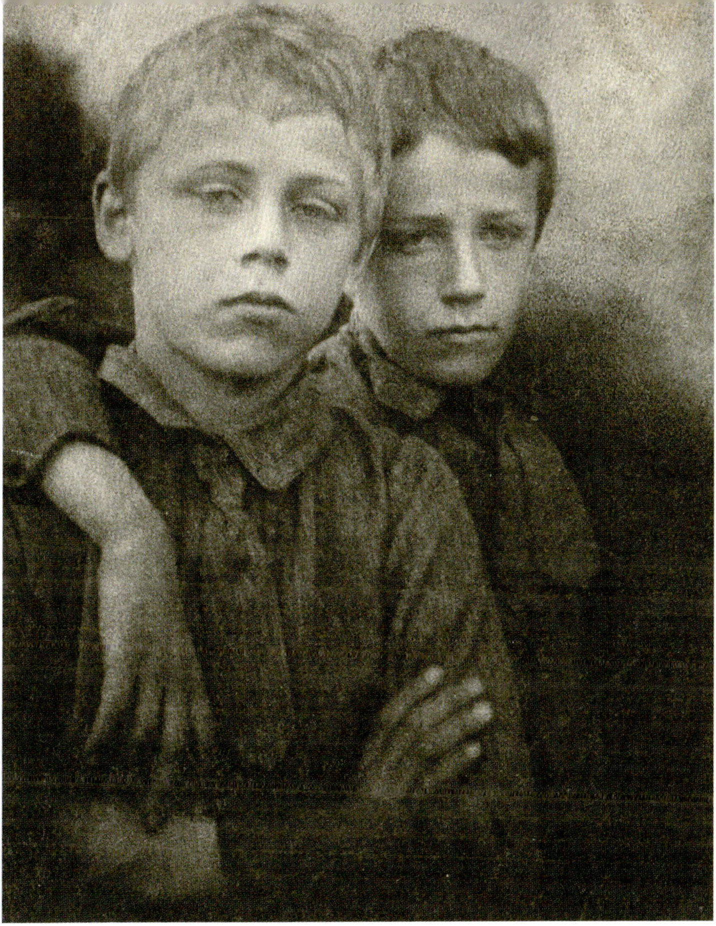

Peter und Hans Kollwitz, 1906

Peter und Hans. Anfänglich führen Käthe Kollwitz und ihr Mann in Berlin ein stilles arbeitsames Leben mit ihren beiden kleinen Söhnen. Hans ist lebhaft, begabt und fantasievoll. Peter, der, liebenswürdige, großzügige und humorvolle Junge, steht Käthe Kollwitz besonders nahe, sicher auch, weil er künstlerische Ambitionen hat. Irgendwann wird ein Schrebergarten als Gartenersatz für die Jungen angemietet. Später läuft Käthe mit ihren Söhnen Schlittschuh, macht ausgedehnte Wanderungen mit ihnen und nimmt an ihrer geistigen Entwicklung regen Anteil.

lampe. Kollwitz' Schwester Lise erinnert sich: „Alles hatte sich da abgespielt – der Kinderwagen hatte da gestanden, die Käthe ihre ersten Radierungen da gemacht, und während der Hitlerzeit hatten die großen heimatlos gewordenen Plastiken von Käthe sich dahin flüchten müssen und da hatte auch die alte Lina Jahr um Jahr den Kaffeetisch für den Besuch gedeckt."

Bereits nach ihrem Münchner Studium hat Käthe Kollwitz zum ersten Mal bewusst das Arbeiterleben in seinen charakteristischen Situationen frei von jeglicher Sozialkritik wiedergegeben. „Schön war für mich der Königsberger Lastträger, schön waren die polnischen Jimkies auf ihren Witinnen, schön war die Großzügigkeit der Bewegungen im Volke. [...] Nur dies will ich [...] betonen, daß anfänglich in sehr geringem Maße Mitleid, Mitempfinden mich zur Darstellung des proletarischen Lebens zog, sondern daß ich es einfach als schön empfand. Wie Zola oder jemand einmal sagte, ‚Le beau c'est le laid'." Auch wenn sich Käthe Kollwitz in Berlin durch die hautnahe Begegnung mit dem Großstadtelend am Prenzlauer Berg und in der Praxis ihres Mannes allmählich sozialkritischen Themen zuwendet, so entstehen doch auch weiterhin immer wieder Arbeiten, die frei von jeglicher Sozialkritik sind. So zum Beispiel die farbige Zeichnung heimkehrender Arbeiter von 1898/99. Sie verrät im Übrigen auch, dass Kollwitz, die sich wohl erst im Laufe der 1890er-Jahre völlig von der Malerei verabschiedet, um 1900 verstärkt Interesse für die Farbe entwickelt. Aber dazu später mehr.

EIN FOLGENREICHER THEATERBESUCH

Am 26. Februar 1893 besucht Käthe Kollwitz die Uraufführung von Gerhart Hauptmanns Drama *Die Weber* (1892) in einer geschlossenen Veranstaltung der Freien Bühne. Das Stück, dem die Hungerrevolte der schlesischen Weber von 1844 zugrunde liegt, ist der Zensur des Berliner Polizeipräsidenten zum Opfer gefallen. Dieser hat hinter dem Stück einen Aufruf zum Klassenhass gewittert und umgehend jegliche öffentliche Aufführung verboten. Käthe Kollwitz erinnert sich: „Der

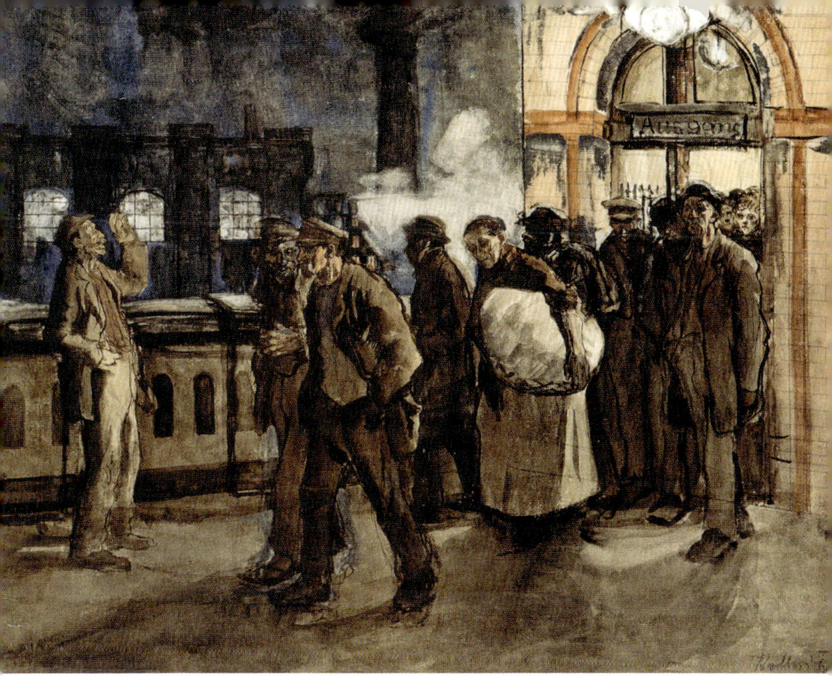

Heimkehrende Arbeiter am Lehrter Bahnhof, 1898/99,
Pinsel in Wasserfarben, weiß gehöht, 40 × 54 cm

Eindruck war gewaltig. Die besten Schauspieler wirkten mit […]. Am Abend war ein festliches Zusammensein in großem Kreise, wo Hauptmann als Führer der Jungen auf den Schild gehoben wurde. Diese Aufführung bedeutete einen Markstein in meiner Arbeit." Käthe Kollwitz macht sich umgehend an den *Weberaufstand*, ihre erste druckgrafische Folge. Dies ist durchaus riskant. Muss Hauptmann doch gegen das Aufführungsverbot seiner *Weber* vor Gericht ziehen. Der Dichter, der sein Leben lang kein Sozialdemokrat war, hat sich veranlasst gesehen zu erklären, das Drama sei nicht als sozialdemokratische Parteischrift, sondern als dichterischer Aufruf an das Mitleid der Besitzenden zu verstehen. Über ein Jahr dauert der Prozess, der bald den Blätterwald füllt und Hauptmann zum bekanntesten deutschen Schriftsteller seiner Generation macht. Als das Stück 1894 zum ersten Mal öffentlich im Deutschen Theater in Berlin aufgeführt werden kann, kommt es zum Eklat: Kaiser Wilhelm II. kündigt seine Loge.

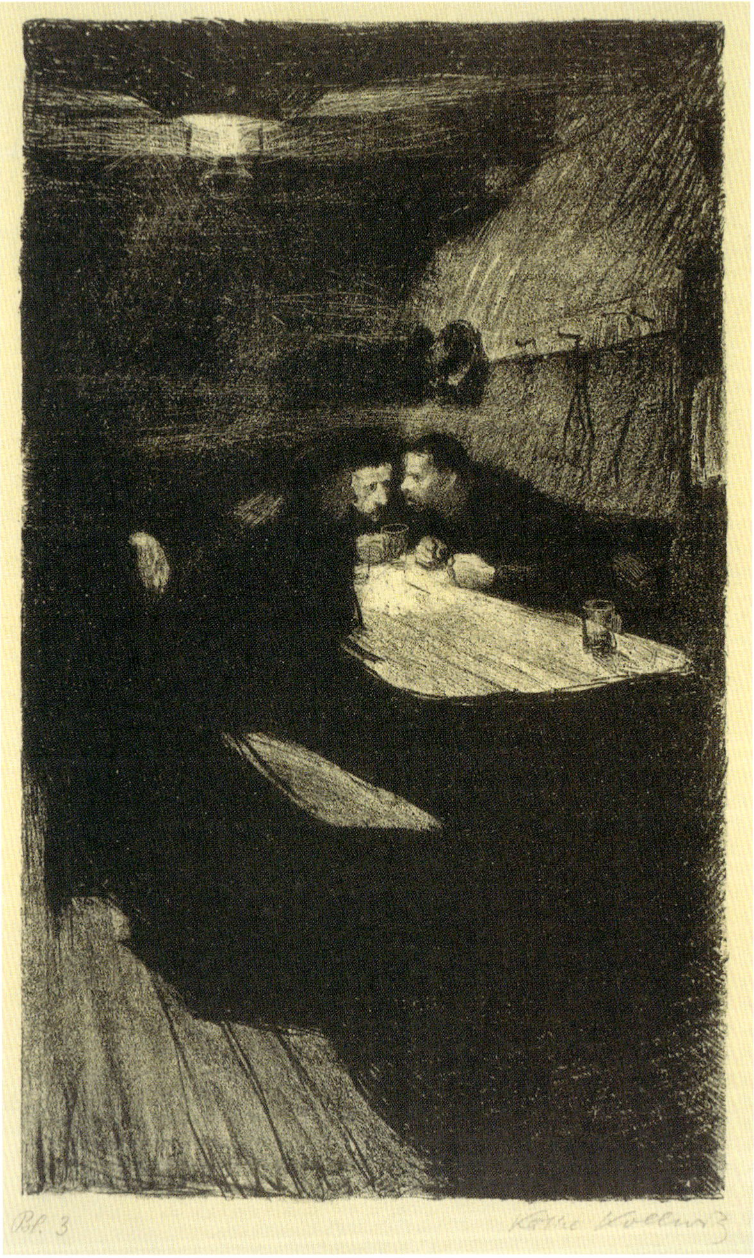
Bl. 3
Käthe Kollwitz

Beratung, Blatt 3 aus dem Zyklus **Ein Weberaufstand**, 1893–97, Lithografie, 27,4 × 16,8 cm

Was hat die junge, noch völlig unbekannte Käthe Kollwitz veranlasst, sich einem derartigen Skandalthema zuzuwenden? Im Gegensatz zu Hauptmann ist sie überzeugte Sozialdemokratin, und das Weberelend ist seit 1844 keineswegs aus der Welt geschafft. Anfang 1891 spitzt sich die Lage der Weber in Schlesien sogar so zu, dass alle Zeitungen im Kaiserreich ausführlich darüber berichten und die SPD die verheerende Not der Heimweber besonders anprangert. Es ist daher nur konsequent, dass Käthe Kollwitz weder Hauptmanns Theaterstück illustriert noch die historische Weberrevolte von 1844 schildert. Statt sich auf ein konkretes Ereignis zu beziehen, bleibt sie bewusst allgemein und verweist auf die aktuelle Not der Weber, indem sie ihre Figuren in typischer Arbeiterkleidung zeigt, wie sie erst im Zuge der Industrialisierung stärker Verbreitung fand. Ganz im Sinne ihres Elternhauses setzt sie unerschrocken das um, was ihr das eigene Gewissen sagt.

Ihr *Weberzyklus* besteht aus sechs Blättern, drei **Lithografien** * und drei **Radierungen** *, da die zur Malerin ausgebildete Künstlerin sich anfänglich mit den verschiedenen Verfahren der Radierung noch schwertut. Auf den ersten beiden Blättern zeigt sie die materielle Not

---

* **LITHOGRAFIE** *und* **RADIERUNG** *gehören zu den gängigen grafischen Techniken. Unter Radierung versteht man ein grafisches Tiefdruckverfahren, bei dem meist eine Kupferplatte mit Ätzgrund überzogen wird, in den mit einer Radiernadel hineingezeichnet wird. Gibt man die Kupferplatte dann in ein Säurebad, frisst sich die Säure an den durch die Radiernadel freigelegten Stellen ins Metall. Beim späteren Einreiben der Kupferplatte mit Druckfarbe bleibt die Farbe in diesen Vertiefungen haften und wird während des Druckvorgangs auf das Papier übertragen. Die Lithografie ist ein Flachdruckverfahren, bei dem der Lithostein so behandelt wird, dass er stellenweise Druckfarbe annimmt beziehungsweise stellenweise abstößt. Wo mit Fettkreide auf den Stein gezeichnet wird, dringt das Fett in den Stein und verbindet sich beim Druckvorgang mit der Druckfarbe.*

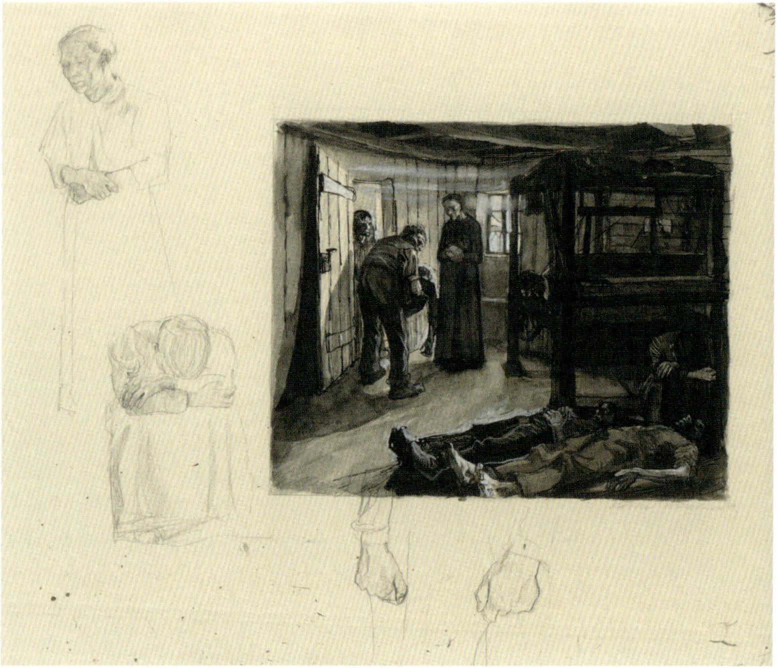

Ende, Zeichnung zu Blatt 6 aus dem Zyklus **Ein Weberaufstand**, 1893–97, Bleistift, Pinsel und Feder in Schwarz und Braun, weiß gehöht, 40,9 × 49,2 cm

und damit die Ursachen des Aufstandes anhand von Krankheit und Tod. Auf dem dritten Blatt kommt es zur Planung der Revolte: In einer verrauchten Kneipe stecken vier konspirativ um das hintere Ende eines Tisches versammelte Weber heimlich die Köpfe zusammen. Hieran schließen sich der Ausbruch, Höhepunkt und die gewaltsame Beendigung der Revolte durch das Militär an. Diese wird auf dem letzten Blatt durch zwei Frauen verdeutlicht, die um die getöteten Weber trauern, von denen ein weiterer gerade zur Tür hereingetragen wird. Pulverdampf verrät die noch anhaltenden Kämpfe.

Käthe Kollwitz' Herz schlägt auf der Seite der Weber, sie ist in dieser Zeit revolutionär eingestellt. Erst nachdem sie 1918/19 eine wirkliche Revolution in Berlin miterlebt hat, resümiert sie anlässlich eines erneuten Besuches von Hauptmanns *Weber*: „Etwas von damals, als ich zum ersten Mal die Weber sah, kam über mich. Von dem Gefühl, das die Weber treibt, das Auge um Auge – Zahn um Zahn, das Gefühl, das ich damals hatte, als ich die ‚Weber' machte. Inzwischen habe ich eine Revolution durchgemacht und [...] mich davon überzeugt, daß ich kein Revolutionär bin. Mein Kindheitstraum, auf der Barrikade zu fallen, wird schwerlich in Erfüllung gehen, weil ich schwerlich auf eine Barrikade gehen würde seitdem ich in Wirklichkeit weiß, wie es da ist."

DER KÜNSTLERISCHE DURCHBRUCH

Am 12. August 1897 legt die Künstlerin ihrem erfreuten Vater die fertige Folge auf den Geburtstagstisch. Den Erfolg des Zyklus, er wird zeitlebens die bekannteste Folge von Käthe Kollwitz bleiben, erlebt er nicht mehr. Als der *Weberaufstand* 1898 auf der *Großen Berliner Kunstausstellung* gezeigt wird, ist der Vater bereits tot. In der Ausstellungsjury sitzt Max Liebermann. Von Künstlerinnen kennt man zu dieser Zeit – wenn überhaupt – nur Porträts, Blumenstillleben und Landschaften. Es muss Liebermann, der auch ein begnadeter Radierer ist, sehr beeindruckt haben, eine solche Arbeit wie den *Weberzyklus* von Frauenhand zu sehen. Er kann zwar die anderen Jurymitglieder davon überzeugen, die Folge für eine Medaille vorzuschlagen, aber sein Einsatz bleibt vergeblich, erklärt doch Kaiser Wilhelm II. kategorisch: „Ich bitte Sie meine Herren, eine Medaille für eine Frau, das ginge denn doch zu weit. Das käme ja einer Herabwürdigung jeder hohen Auszeichnung gleich! Orden und Ehrenzeichen gehören auf die Brust verdienter Männer." Sein Kultusminister hat ihm von der Ehrung abgeraten aufgrund des Gegenstands der Darstellung, dem ein milderndes oder versöhnendes Element gänzlich fehle. Aufgrund der Ablehnung wird Käthe Kollwitz schlagartig eine der bekanntesten Künstlerinnen Deutschlands. 1899 lädt Liebermann als Präsident der neu gegründeten Berliner Secession Kollwitz ein, sich an ihrer erster Ausstellung zu beteiligen – eine große Ehre für die junge Künstlerin. Sie wird von nun an regelmäßig bei den Ausstellungen der Berliner Secession vertreten sein und tritt 1901 der Künstlervereinigung bei.

Die Berliner Secession

Im letzten Jahrzehnt des 19. Jahrhunderts schlossen sich viele Künstler aus Unzufriedenheit mit dem konservativen, vom Historismus geprägten akademischen Kunstbetrieb, von dem sie sich nicht genügend berücksichtigt fanden, in sogenannten Secessionen (lat. secessio, Abspaltung) zusammen. Diese Künstlervereinigungen lehnten die Präsentation ihrer Werke auf den riesigen Jahresausstellungen wie der *Großen Berliner Kunstausstellung* ab, auf denen Tausende von Arbeiten in mehreren Reihen übereinanderhingen, und organisierten stattdessen ihre eigenen Ausstellungen.

Nach München, Dresden und Wien kam es 1898 in der deutschen Reichshauptstadt zur Gründung der Berliner Secession. Max Liebermann (1847–1935) übernahm die Präsidentschaft des Vereins mit über 60 Künstlern. Die erste Ausstellung 1899 im eigens dafür errichteten Gebäude in der Kantstraße mit 338 Gemälden, Grafiken und Skulpturen war ein gesellschaftlicher, künstlerischer und finanzieller Erfolg. Im Gegensatz zu traditionellen Künstlervereinigungen nahm

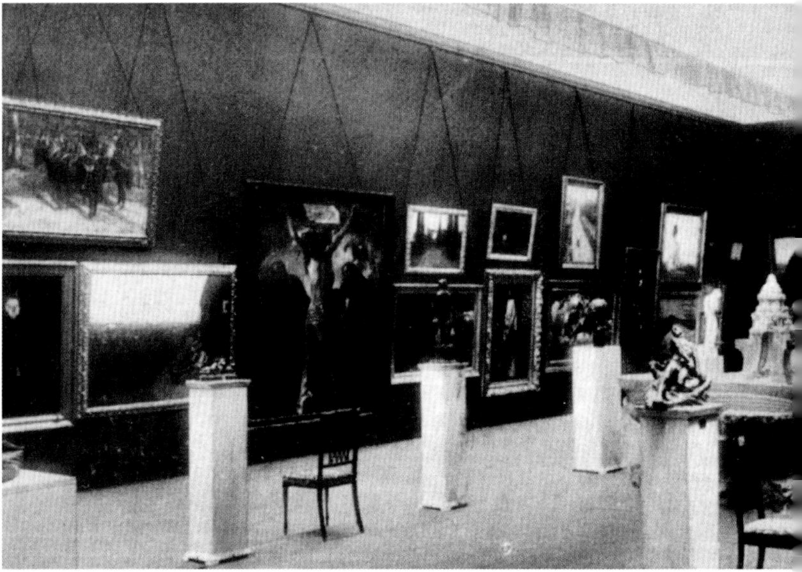

die Berliner Secession auch Frauen als ordentliche Mitglieder auf, darunter Käthe Kollwitz, die von Anfang an bei deren Ausstellungen vertreten war und 1901 Mitglied wurde, sowie die Malerinnen Dora Hitz und Sabine Lepsius.

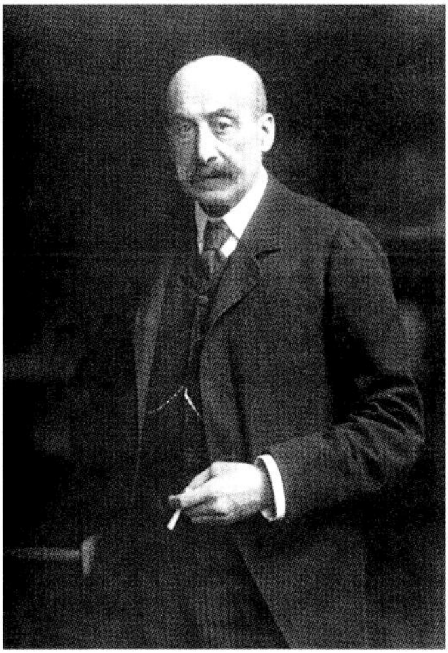

Max Liebermann, der Präsident der Berliner Secession, 1904

Die Secession übte in den folgenden Jahren eine enorme Anziehungskraft auf progressive Künstler in ganz Deutschland aus. 1901 beispielsweise zogen sich Max Slevogt und Lovis Corinth enttäuscht vom Münchner Kunstbetrieb zurück und übersiedelten deswegen nach Berlin. Zusammen mit Max Liebermann gingen sie als „Triumvirat“ oder „Dreigestirn des deutschen Impressionismus“ in die Kunstgeschichte ein. Auch wenn die Berliner Secession sich nie ausschließlich auf eine Stilrichtung festlegte, wurde die Reichshauptstadt durch sie zum Zentrum des deutschen Impressionismus.

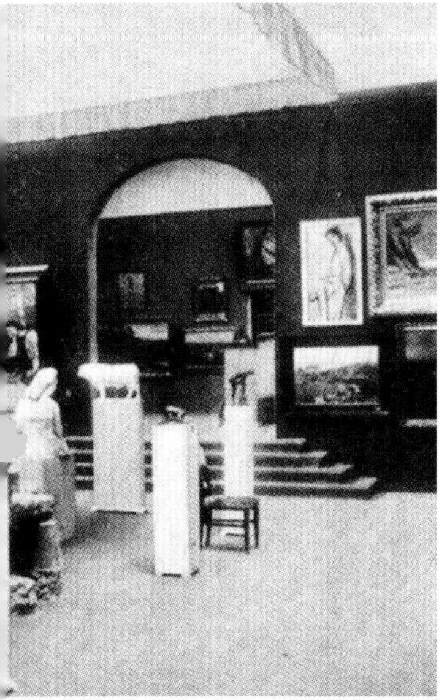

1913 kam es jedoch zu massiven Zerwürfnissen innerhalb der Secession, aufgrund derer schließlich der gesamte Vorstand mit 42 Mitgliedern – darunter auch Käthe Kollwitz – den Verein verließ und die Freie Berliner Secession bildete. Diese Vereinigung endete formell 1923 auf dem Höhepunkt der Inflation.

Ausstellungsraum der Berliner Secessionsausstellung, 1900

Auseinandersetzung mit der künstlerischen Avantgarde

Bei den Ausstellungen der Berliner Secession und der Galerie Cassirer, deren Inhaber Paul Cassirer gleichzeitig auch der Geschäftsführer der Secession ist, begegnet Käthe Kollwitz vermutlich zum ersten Mal in ihrem Leben den französischen Impressionisten und Postimpressionisten. Für einige Jahre werden nun Édouard Manet, Edgar Degas, Paul Seurat und die Künstlergruppe **Nabis*** ihre Leitsterne. Sie wecken auch ihre Sehnsucht nach Paris. Dies verblüfft, verbindet wohl kaum jemand die weltweit als sozialkritische Künstlerin geschätzte und verehrte Grafikerin mit Paris und den dortigen modernen Kunstströmungen. Und wer weiß schon, dass unter dem Eindruck der Seinemetropole das Werk von Käthe Kollwitz für ein paar Jahre farbig wird? Die französische Hauptstadt ist um 1900 aber nicht nur Zentrum der Moderne schlechthin, sie ist auch Ort freien Lebens und der Vervollkommnung eines jeden Künstlers. Zweimal, 1901 und 1904, pilgert Käthe Kollwitz dorthin.

Bei ihrer ersten Reise hat sie einen Probedruck ihrer neuesten Arbeit, der *Carmagnole*, im Gepäck, deren Titel sie aus einem der bekanntesten Lieder der Französischen Revolution übernommen hat. Die Radierung zeigt einen enthemmten Tanz der Massen um ein Schafott. Käthe Kollwitz verlegt den Schauplatz aber von Paris in eines der eindrucksvollen deutschen Speicherviertel – wahrscheinlich Königsberg

---

* *Die* **NABIS** *waren eine französische Künstlergruppe, die von 1888/89 bis 1905 existierte. Junge Kunststudenten der berühmten Académie Julian – Pierre Bonnard, Maurice Denis, Félix Vallotton, Édouard Vuillard, Aristide Maillol und Paul Sérusier – verstanden sich als Propheten der neuen Kunst. Bei ihrer Abkehr von der traditionellen Malerei ließen sie sich vom japanischen Holzschnitt inspirieren und fanden zu einer flächen- und linienbetonten Kunst, die heute dem Postimpressionismus zugerechnet wird.*

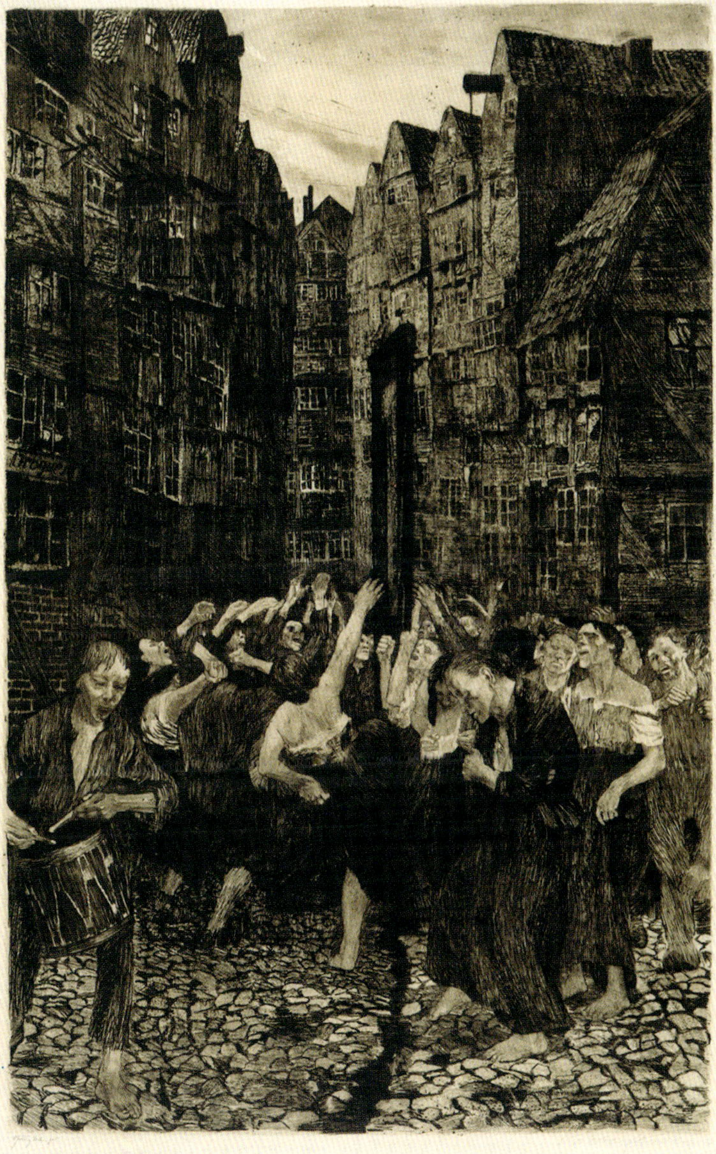

Carmagnole, 1901, Radierung, 58,8 × 41,2 cm

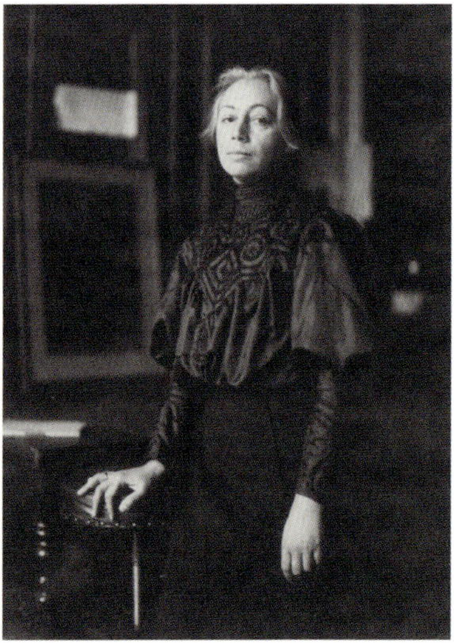

Käthe Kollwitz vor ihrer Radierung **Carmagnole**, um 1905

oder Hamburg. Angeblich hat sie sich zu dieser Szene von einer Passage aus Charles Dickens' Roman *A Tale of Two Cities* (1859) anregen lassen. Denkbar wäre dies, denn das Buch zählt zur Weltliteratur. Wie dem auch sei, Kollwitz hält die Arbeit für eine ihrer besten und lässt sich nach ihren Parisreisen von dem Pressefotografen Philipp Kester vor dieser fotografieren.

In Paris zeigt Käthe Kollwitz die *Carmagnole* dem Maler und Grafiker Théophile-Alexandre Steinlen (1859–1923), der für seine Schilderungen des Pariser Volkes berühmt ist. Doch erstaunlicherweise fasziniert Käthe Kollwitz am meisten sein weiblicher Akt auf einem gelben Sofa. Aktdarstellungen, darunter auch einige wunderschöne farbige Arbeiten, werden die Künstlerin auch in ihrem eigenen Werk in den nächsten Jahren beschäftigen. Sie verraten die Auseinandersetzung besonders mit Edgar Degas, aber auch mit Henri de Toulouse-Lautrec, Félix Vallotton und Aristide

Das Jahrzehnt zwischen dreißig und vierzig war ein sehr glückliches in jeder Beziehung. Wir hatten, was wir zum Leben brauchten, die heranwachsenden Kinder gediehen, Reisen wurden gemacht.

Käthe Kollwitz in ihrem *Rückblick auf frühere Zeit*, 1941

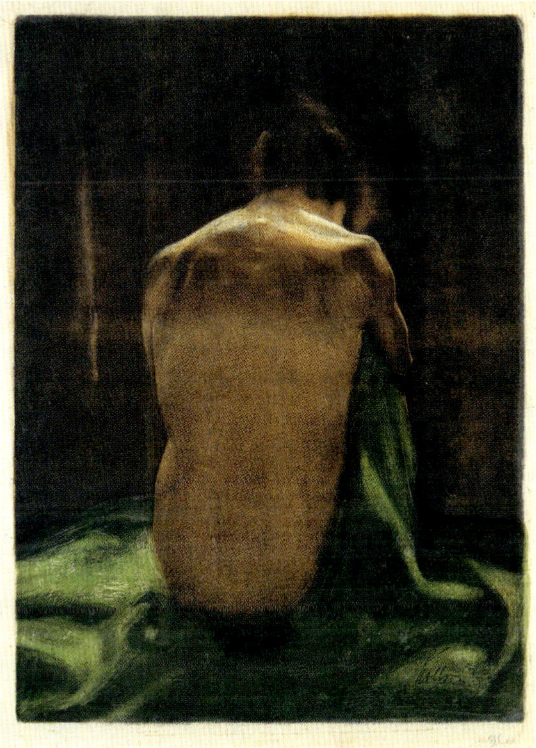

Weiblicher Rückenakt auf grünem Tuch, 1903, Lithografie, 58 × 44 cm

Maillol. 1903 wird Kollwitz mit ihrer äußerst reizvollen Lithografie *Weiblicher Rückenakt auf grünem Tuch* ein unübertroffenes Meisterwerk auf diesem Gebiet schaffen. Weniger in der tonig-gedämpften Farbgebung als vielmehr motivisch und in der Bildauffassung, der natürlichen Haltung und intimen Momentaufnahme steht es der französischen Moderne nahe.

IN DEN PARISER GALERIEN

Bei ihrem kurzen Besuch 1901 hat Käthe Kollwitz das Glück, von Otto Ackermann, dem Mann ihrer Berliner und Münchner Studienfreundin Maria Slavona, in die Privatgalerien eingeführt zu werden. Kaum jemand könnte besser dazu geeignet sein als er, ist er doch Kunstsammler und -händler. Bei dem avantgardistischen Kunsthändler Ambroise Vollard

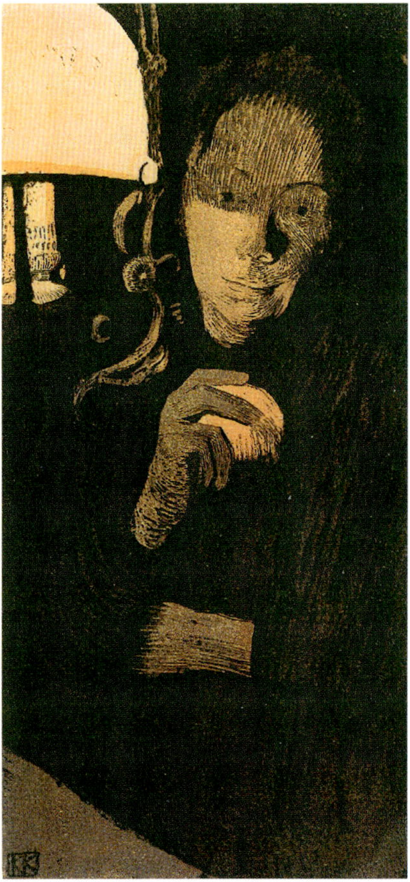

Frau mit Orange, 1901, Radierung und Lithografie, 23,1 × 11,2 cm

entdeckt Kollwitz farbige Lithografien der Künstlergruppe Nabis – unter anderem von Pierre Bonnard, Maurice Denis, Édouard Vuillard und Félix Vallotton. Vollard hat gerade zahlreiche druckgrafische Arbeiten der Nabis als Mappenwerke herausgegeben, von denen Kollwitz vollkommen in den Bann gezogen wird. Nichts bringt dies eindrücklicher zum Ausdruck als ihr noch im selben Jahr entstandener Kombinationsdruck *Frau mit Orange*, eine Verbindung von Radierung und Lithografie. Hier wirft der helle Schirm einer großen Hängelampe spärliches Licht auf eine träumerisch-kontemplativ aus dem Bild schauende Frau, die eine Orange in der Hand hält. Schon das Motiv der hell leuchtenden Lampe in dunklem Raum erinnert an die Nabis, vergleichbar sind aber auch die bildnerischen Mittel: das extrem schmale Hochformat, die flächige Darstellung mit dem in starker Aufsicht gezeigten Tisch und der undifferenzierte Hintergrund.

Ambroise Vollard macht Kollwitz und Otto Ackermann noch auf einen ganz anderen Künstler aufmerksam: Pablo Picasso. Wagemutig hat sich Vollard darauf eingelassen, die erste Ausstellung dieses noch völlig unbekannten 19-Jährigen zu veranstalten. Und schon mehrere Monate vor Ausstellungsbeginn begibt sich der wendige Kunsthänd-

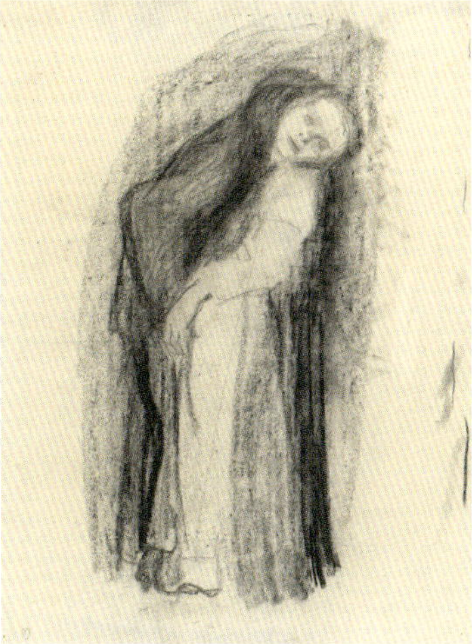

Liebespaar stehend, um 1904, Kohle, 63,3 × 48 cm

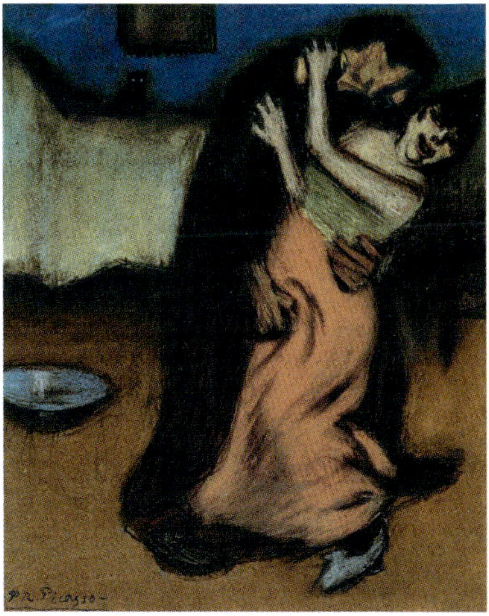

Pablo Picasso, **Brutale Umarmung (Frenzy)**, 1900, Pastell, 47,5 × 38,5 cm

ler auf die Suche nach potenziellen Käufern – mit Erfolg. Kurzerhand druckt er die Besitzer der schon vor Ausstellungsbeginn verkauften Werke im Katalog ab, um weitere Interessenten zu ködern. Ein wahrer Glücksfall für die Nachwelt, denn nur dadurch ist heute bekannt, dass Käthe Kollwitz bei dieser Gelegenheit ein Werk von Picasso erwarb. Selbst den Söhnen der Künstlerin blieb dies verborgen. Es scheint ganz so, als habe Käthe Kollwitz das Blatt nach ihrer Rückkehr in Berlin versteckt. Und dazu hat sie allen Grund: Für Kinderaugen ist das Bild nicht geeignet, denn es zeigt eine leidenschaftliche, fast kämpferische Umarmung, die sogar an eine Vergewaltigung denken lässt. Eine ähnliche Geste findet sich auch auf Kollwitz' Zeichnung *Liebespaar* von 1904, die gegenüber Picassos Arbeit aber geradezu durch ihre Zartheit besticht. Was faszinierte Käthe Kollwitz an dem jungen Picasso? Er muss ihr als Maler des modernen Lebens schlechthin erschienen sein, malte doch auch er zu dieser Zeit hauptsächlich Menschen aus dem einfachen Volk: Arbeiter, Bettler, kranke Kinder, Prostituierte, Kurtisanen, Diebinnen. Auffallend ist für Kollwitz' Auseinandersetzung mit Picasso, aber auch allen anderen Vorbildern, dass sie sich motivisch und manchmal auch stilistisch Anregungen holt, diese aber stets sehr eigenständig umsetzt.

Mein zweimonatiger Aufenthalt in Paris war, wie Sie sich denken können, wundervoll.

Käthe Kollwitz in einem Brief an Max Lehrs, den Direktor des Dresdner Kupferstichkabinetts, 1. Mai 1904

UND NOCH EINMAL PARIS

Die Stadt lässt Käthe Kollwitz nicht los. 1904 kehrt sie noch einmal zurück und lässt sich erneut bezaubern. Dieses Mal unternimmt sie aber nicht nur Besichtigungen und Galeriebesuche, sondern studiert in der Seinemetropole: „An den Vormittagen war ich in der alten Julianschule in der Klasse für Plastik, um mich mit den Grundlagen der Plastik vertraut zu machen. Die Nachmittage und Abende war ich in Museen in der Stadt, die mich entzückte, in den Kellern um die Markthallen herum oder in den Tanzlokalen auf dem Montmartre oder in Bal Bullier. [...] Speisen taten wir abends in einem dieser großen Lokale, wo die Künstler in Masse, nach ihrer Nationalität zusammensitzend, aßen, auf dem Boulevard Montparnasse."

In einer Seitenstraße vom Boulevard Montparnasse, der Rue de la Grande Chaumière, in der schon Paul Gauguin „gehaust" hat, bezieht Käthe Kollwitz ein Zimmer. Dieser noch recht beschauliche Stadtteil zwischen Gare Montparnasse und Jardin du Luxembourg beginnt Anfang des 20. Jahrhunderts dem legendären Künstlerviertel auf dem Montmartre den Rang abzulaufen. Anziehungspunkte besonders für Künstler sind eine Reihe von Pariser Privatschulen in diesem Quartier, darunter auch die ehrwürdige Académie Colarossi in ihrer Straße. Käthe Kollwitz entscheidet sich aber trotz höherer Studiengebühren für den Besuch der Académie Julian, die bei ausländischen Künstlern am angesehensten und beliebtesten ist. Es überrascht, dass sie sich dort in die Klasse für Bildhauerei einschreibt, sind doch aus dieser frühen Zeit noch gar keine Plastiken von Käthe Kollwitz überliefert. Gerne wüssten wir, welche Grundlagen sie auf der Académie Julian – noch

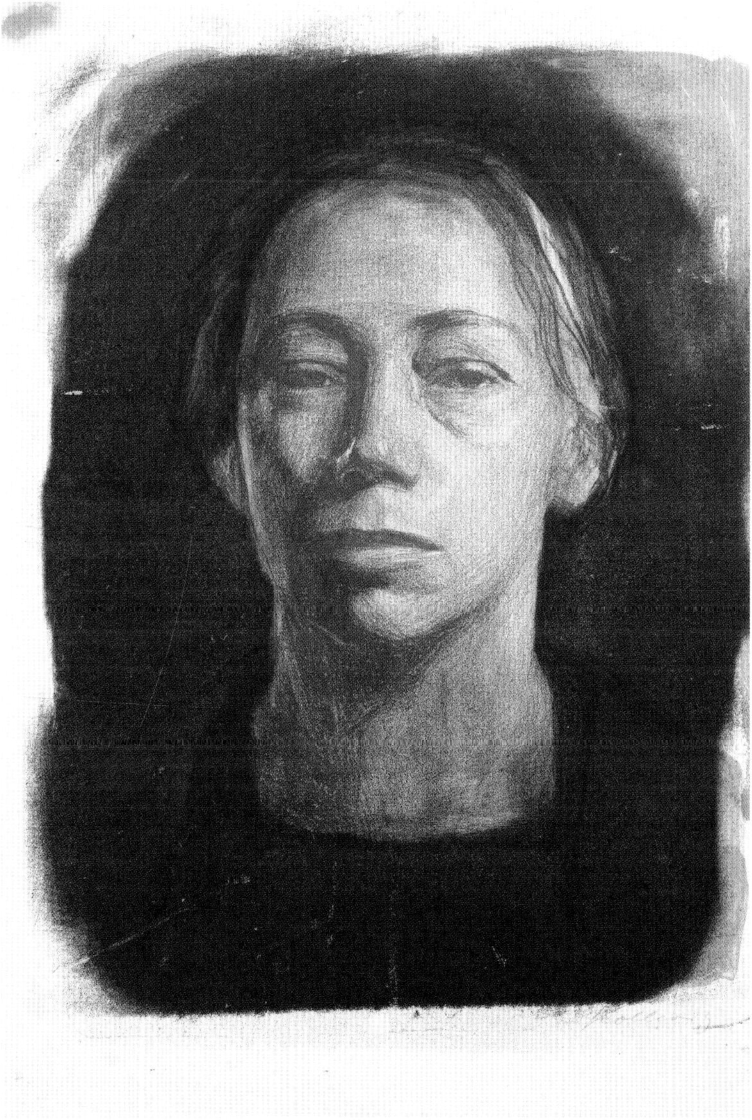

Selbstbildnis en face, 1904, Lithografie, 44 × 33,4 cm

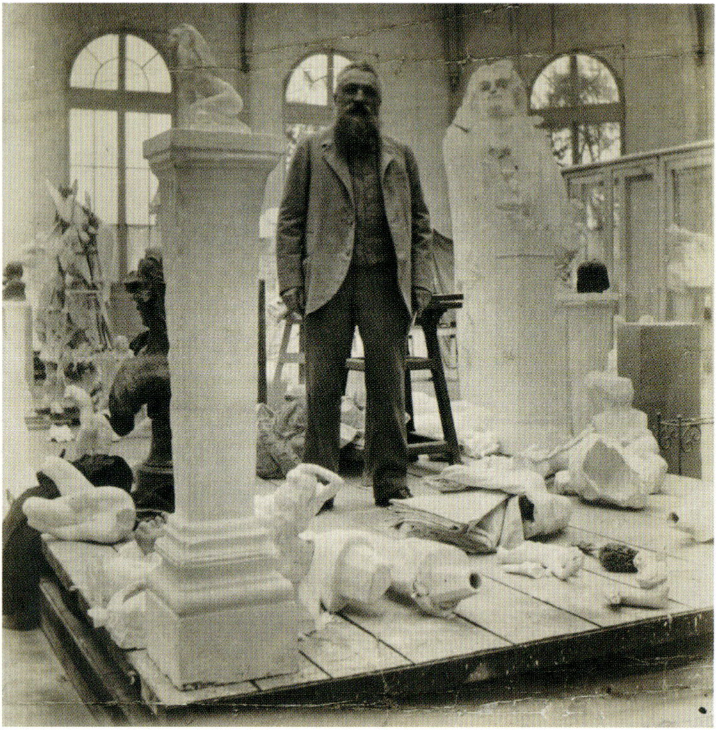

Auguste Rodin in seinem Atelier, 1905

dazu in der kurzen Zeit von zwei Monaten – erworben hat. Ihr Interesse an einer plastischen Figurenauffassung um 1904 verraten uns lediglich einige grafische Arbeiten, darunter ihr schönstes farbiges Selbstbildnis sowie mehrere Aktstudien von Frauen aus dem Volk. Bei ihnen zeigt sich, wie intensiv Käthe Kollwitz die Licht- und Schattenwirkung für die plastische Ausarbeitung der Anatomie ihrer Modelle studiert hat.

BESUCH BEI RODIN

Für jeden Künstler ist es in Paris ein Muss, die beiden Ateliers des Bildhauers Auguste Rodin in der Rue de l'Université und in Meudon aufzusuchen, die heute als Museen öffentlich zugänglich sind. Zu Lebzeiten des Künstlers benötigten Interessierte noch Empfehlungsschreiben.

Liebesgruppe, 1913–15,
Bronze, 71,3 × 47 × 48 cm

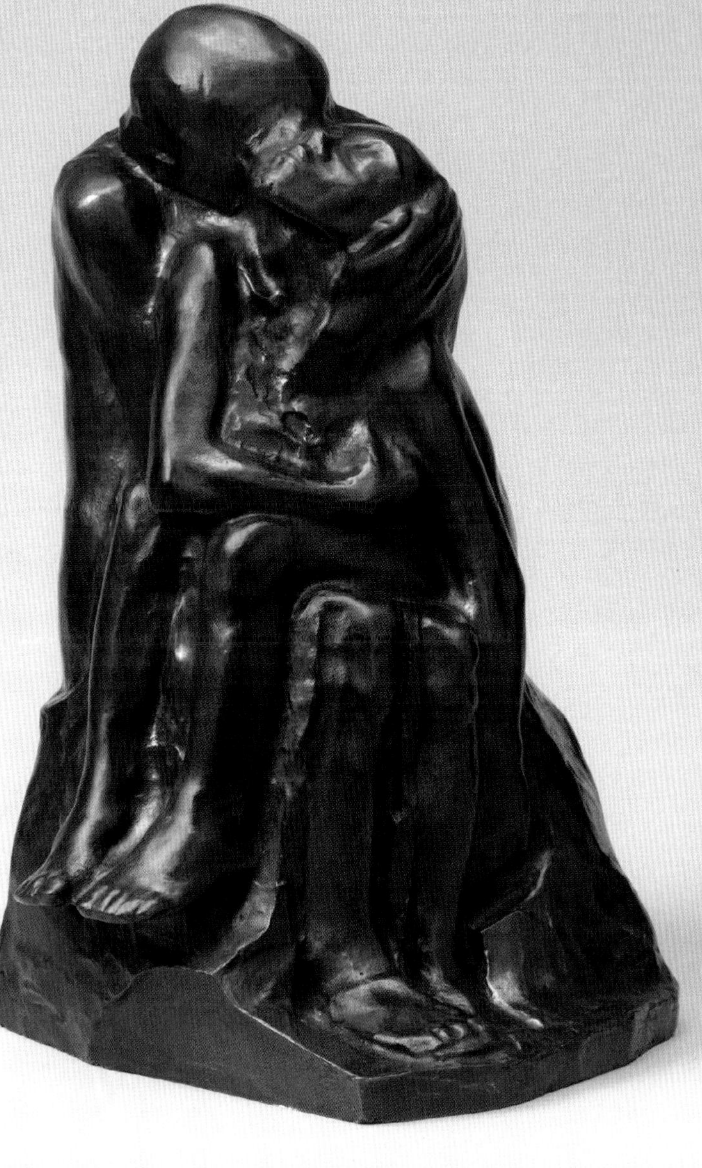

Kein Geringerer als Hugo von Tschudi – Direktor der Berliner Nationalgalerie und Freund Liebermanns, der bereits mehrere Werke Rodins für sein Museum erworben hat – stattet Käthe Kollwitz hiermit aus: „Verehrter Rodin", schreibt er, „erlauben Sie mir, Ihnen Käthe Kollwitz vorzustellen [...]. Sie ist sehr begabt und zählt zu unseren besten Künstlerinnen." Damit stehen Kollwitz die Türen für eine Besichtigung beider Ateliers des berühmten Bildhauers offen, über den sie später in einem Nachruf bekennt: „Damals gab es für mich in der ganzen neuzeitlichen Plastik einzig Rodin." Unvergesslich ist ihr besonders der Besuch in Rodins Wirkungsstätte in Meudon am Rande von Paris, einer Villa im Stil von Louis XIII.: „Rodin selbst war in Anspruch genommen durch Besucher. Er forderte uns jedoch auf, uns alles im Atelier Befindliche anzusehen. In der Mitte seiner großen Plastiken thronte der gewaltige Balzac. In Glaskästen hatte er kleine Gipsskizzen. Sein ganzes Werk war sichtbar." Erst viele Jahre später – auf die Gründe wird noch zurückzukommen sein – vollendet Käthe Kollwitz 1915 ihre erste Plastik einer *Liebesgruppe*. Die Anregung verdankt sie zweifelsfrei Auguste Rodins bis heute wohl bekanntester Skulptur, dem *Kuss*. Viele Gemeinsamkeiten zwischen beiden Werken gibt es aber nicht: Im Gegensatz zu Rodin, der ein leidenschaftliches Liebespaar darstellt, das in seiner ganzen Bewegung nur durch das Umkreisen der Gruppe erfasst werden kann, zeigt Käthe Kollwitz ein junges Paar von zurückhaltender Sinnlichkeit. Ihre Arbeit ist statuarisch, blockhaft und hat wie die meisten ihrer Plastiken eine Hauptansichtsseite.

ABENDLICHE BESUCHE DER CAVEAU DES INNOCENTS

Abends stehen Besuche der berühmten Pariser Tanzlokale auf dem Montmartre und der verruchten Kellerlokale im Viertel der später abgerissenen Pariser Markthallen auf dem Programm. Man kann sich keinen größeren Unterschied vorstellen zwischen den touristischen Tanzlokalen und diesen Spelunken, die in keinem Reiseführer der Zeit Erwähnung finden. Hierher kann sich die Künstlerin nur in Herrenbegleitung wagen. Mit der durchaus gefährlichen Unterwelt von

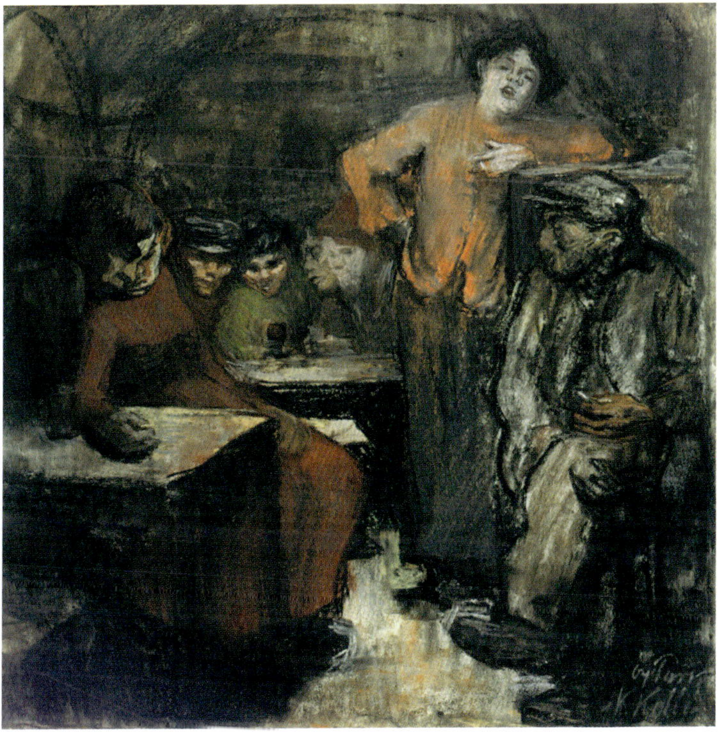

Pariser Kellerlokal, 1904, farbige Kreiden und Gouache, 47,2 × 47,6 cm

Verbrechern, die in diesen niedrigen, mit wüsten Inschriften versehenen Kellern zu Hause sind, versteht sich Käthe Kollwitz mit ihrer Begleitung indes aufs Beste. Dort entstehen ihre eindrucksvollsten farbigen Kreidezeichnungen. Auf einer von ihnen, *Pariser Kellerlokal*, der wohl bekanntesten farbigen Arbeit der Künstlerin, produziert sich eine Sängerin lässig mit einer Zigarette in der Hand vor einer Handvoll Zuhörer. Daneben sieht man ein Pärchen, bei dem der Mann ganz versunken die Brüste der Frau umfasst. Wieder fühlt man sich an frühe Arbeiten von Picasso erinnert, bei dem sich dieses Motiv auch findet. Vor allem besticht die Szene aber durch die brillant eingefangene melancholische Stimmung zu fortgesetzter Stunde.

Käthe Kollwitz und die Grafik ihrer Zeit

Käthe Kollwitz berichtete 1941 in ihrem *Rückblick auf frühere Zeit,* sie habe ihre Hinwendung zur Grafik Max Klingers 1891 erschienenem Traktat *Malerei und Zeichnung* zu verdanken. Klinger erklärt in diesem Büchlein, Maler würden die Schönheit der Welt, grafisch arbeitende Künstler dagegen die problematischen Seiten des Lebens zeigen: „Aus ihren Werken bricht fast überall der Grundton hervor: so sollte die Welt nicht sein!“ Im Gegensatz zu Käthe Kollwitz verstand

Max Klinger, **In die Gosse!**, Blatt 10 aus **Ein Leben, Opus VIII**, 1883, Radierung, 27,5 × 42,6 cm

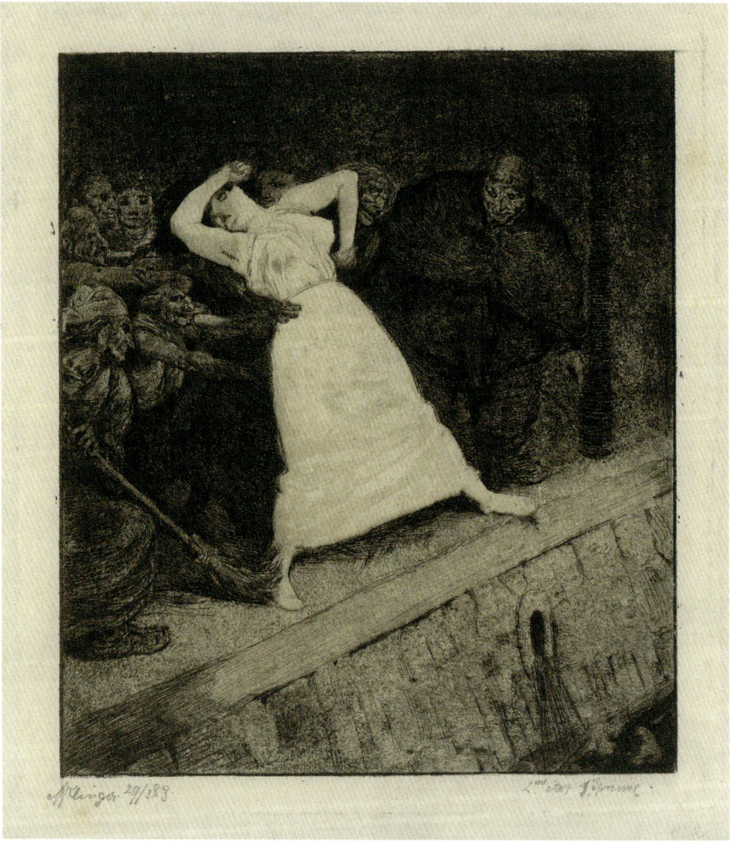

Klinger darunter allerdings keine dezidierte Sozialkritik, diese fand die junge Künstlerin eher bei Vorbildern wie Francisco de Goyas Folge *Die Schrecken des Krieges* (1810–14) oder Honoré Daumiers Karikaturen. Möglicherweise versuchte Kollwitz sich mit ihrem späteren Verweis auf Klinger dafür zu rechtfertigen, dass sie sich vor allem mit den negativen Seiten des Lebens auseinandersetzte.

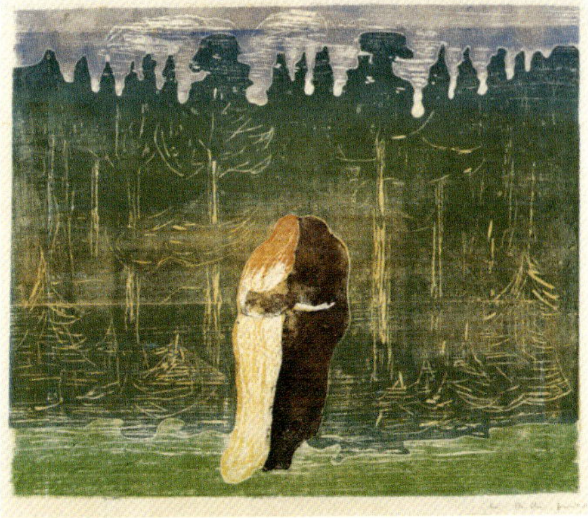

Edvard Munch, **Zum Walde II**, 1915, Farbholzschnitt, 52,5 × 64,8 cm

Die intensive Hinwendung zur Grafik erscheint für einen Künstler im ausgehenden 19. Jahrhundert zunächst ungewöhnlich, doch muss man sich vor Augen halten, dass das Medium bald nach 1900 eine neue Blütezeit in Deutschland erlebte. Diese Entwicklung nahm ihren Ausgangspunkt in Frankreich, wo zunächst die Radierung, wenig später die Lithografie wiederbelebt wurde – Letztere besonders durch Henri de Toulouse-Lautrec, von dem auch Käthe Kollwitz tief beeindruckt war. In Deutschland begannen nach Klinger einige Künstler – darunter Käthe Kollwitz, Max Liebermann, Lovis Corinth und Max Slevogt –, sich zunächst zögerlich mit Radierung und Steindruck zu beschäftigen, der 1897 sein 100-jähriges Jubiläum in großen Ausstellungen feierte.

Anregungen erhielt Käthe Kollwitz auch von Edvard Munch (1863–1944), der mit seinem druckgrafischen Werk – vor allem seinen Holzschnitten – eine ganze Generation von Künstlern beeindruckte und zahlreiche Expressionisten inspirierte, für die der Holzschnitt zum druckgrafischen Medium par excellence wurde. Auch im Werk von Käthe Kollwitz spielte dieser zwischen 1920 und 1925 eine bedeutende Rolle.

Zunehmende Wertschätzung und der Villa-Romana-Preis

DER ZYKLUS *BAUERNKRIEG*

Zurück in Berlin findet Kollwitz einen Brief von einem ihrer großen Förderer, Max Lehrs (1855–1938), vor. Er ist Direktor des Dresdner Kupferstichkabinetts, das damals zu den fortschrittlichsten in Deutschland zählt. Lehrs ist es, der 1898 als Erster Werke der jungen Künstlerin für eine öffentliche Sammlung ankaufte und ihr für den Zyklus *Ein Weberaufstand* in Dresden doch noch zu einer Medaille verhilft, nachdem Wilhelm II. dies in Berlin verweigert hatte. Während Käthe Kollwitz in Paris war, gelang es Lehrs, einen Herausgeber für ihren zweiten, noch im Entstehen begriffenen grafischen Zyklus zu finden: eine Folge über den Deutschen Bauernkrieg (1524–1526), die das Leid und den Aufstand der geknechteten Bauern sowie dessen grausame Niederschlagung thematisiert. Erstaunlich, dass die Verbindung für historische Kunst, ein konservativer Verein zur Förderung des vaterländischen Geschichtsbildes mit Mitgliedern aus der Hocharistokratie, sein Interesse an diesem Thema bekundet. Und auch Kollwitz selbst müsste eigentlich aufgrund ihrer politisch-gesellschaftlichen Haltung diese nicht nur künstlerisch antiquierte Verbindung ablehnen. Aber auch sie ist – wie vermutlich jeder andere Künstler auch – an der Verbreitung ihrer Werke interessiert und nimmt schließlich den Auftrag an.

Bewaffnung in einem Gewölbe, verworfene Fassung des vierten Blattes aus dem Zyklus **Bauernkrieg**, 1902, dreifarbige Radierung, 36,9 × 23,7 cm

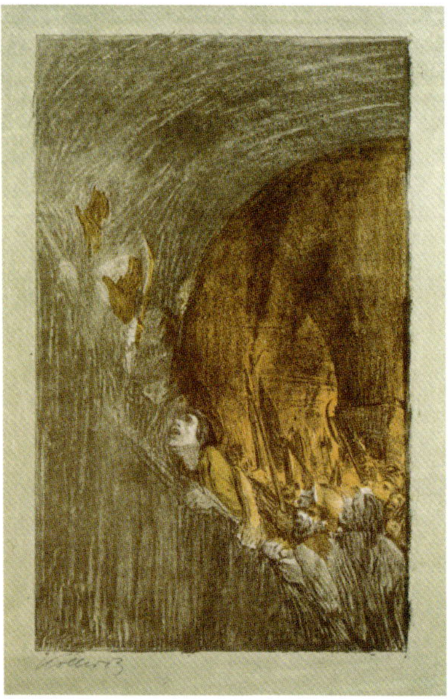

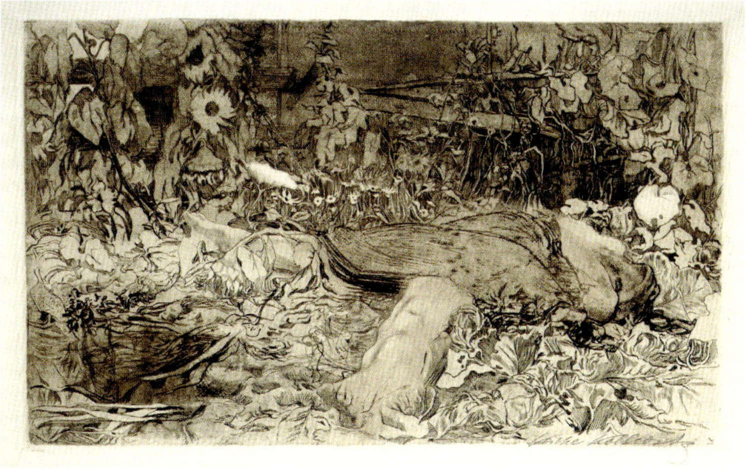

Vergewaltigt, Blatt 2 aus dem Zyklus **Bauernkrieg**, 1907/08, Radierung, 30,8 × 52,8 cm

Seit 1901 schon arbeitet sie am *Bauernkriegszyklus*. Kurz vor Erscheinen des Werkes 1908 veröffentlicht der Theologe Arthur Bonus, der Mann ihrer Studienfreundin Beate Bonus-Jeep, einen Aufsatz über die Künstlerin. Käthe Kollwitz erklärt ihm dazu, dass „die Motive zu den Bauernkriegsblättern [...] nichts literarisches irgendwoher Geholtes“ seien, sondern auf die Lektüre einer bekannten historischen Darstellung zurückgingen. Es ist bemerkenswert, dass Kollwitz zu Beginn ihrer Arbeit der einzigen historisch nachgewiesenen Frau des Bauernkriegs, der Schwarzen Hofmännin, eine Reihe von Darstellungen widmet. Diese hatte die Bauern 1525 zum Kampf aufgerufen und vor der Schlacht von Weinsberg gesegnet. Für die revolutionär empfindende Künstlerin ist sie eine weibliche Identifikationsfigur.

Anfänglich, noch unter dem Eindruck der ersten Parisreise, plante Kollwitz den Zyklus als farbige Lithografien. Zu den gelungensten dieser Arbeiten gehört das stimmungsvolle Blatt *Bewaffnung in einem Gewölbe*. Später folgen Radierungen, die das dramatische Geschehen in eindrucksvolle, bisweilen düstere Szenen fassen. Auf die Betrachter der Zeit müssen diese äußert schockierend gewirkt haben. Das zweite Blatt des Zyklus beispielsweise zeigt eine vergewaltigte Bäuerin im Garten, umgeben von zertretenen Pflanzen, die das zerstörte Leben

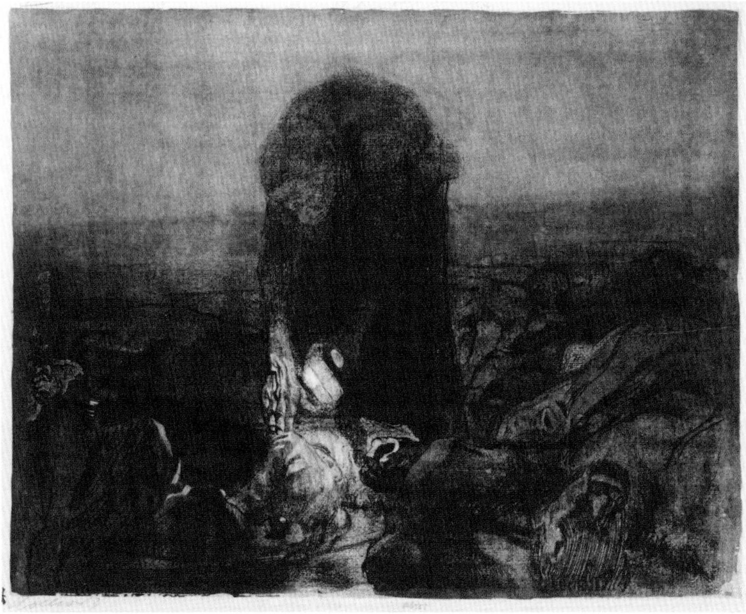

Schlachtfeld, Blatt 6 aus dem Zyklus **Bauernkrieg**, 1907, Radierung, 41 × 53,1 cm

der Frau symbolisieren. Ihr Kind hat sich verstecken können und lugt verlassen hinter dem Zaun hervor. Dieses Blatt steht motivisch und in seiner Drastik singulär in der Kunst der Zeit. Ähnlich ergreifend ist auch das *Schlachtfeld*. Hier sucht eine Mutter im Schein der Laterne ihren toten Sohn. Der Aufstand ist hier bereits gescheitert.

Ähnelt der *Bauernkriegszyklus* im Aufbau und in seiner endgültigen Ausführung stark dem *Weberzyklus*, so ist er doch monumentaler angelegt und zeugt von einer souveränen Beherrschung selbst der schwierigsten Radiertechniken. Mit dieser Folge findet der revolutionäre Themenkreis der Künstlerin seinen Höhepunkt und Abschluss. Zudem steigert er – verbreitet in einer Auflage von 300 Exemplaren – den Bekanntheitsgrad von Käthe Kollwitz gewaltig.

Im Vorfeld der Beschäftigung mit dem *Schlachtfeld* entsteht 1903 auch die eindrucksvolle Radierung *Frau mit totem Kind*, in der sich eine Mutter geradezu verzweifelt in ihren toten Sohn hineingräbt.

Die Arbeit belegt eindrücklich, wie persönlich Käthe Kollwitz ihre künstlerischen Themen anging, denn die Künstlerin selbst saß mit ihrem jüngeren Sohn Peter vor dem Spiegel Modell. Auf die Zeitgenossen wirkte das Blatt schockierend und wurde als „die Verkörperung des Mutterschmerzes selbst" empfunden. Beim Hintergrund der Radierung experimentierte die Künstlerin mit verschiedenen Farben – so beispielsweise mit einem lithografierten flächigen goldenen Ton. Die Figuren hingegen wirken fast skulptural. Betrachtet man diese Arbeit, so scheint es nur konsequent, dass sich Käthe Kollwitz ein Jahr später in die Grundlagen der Bildhauerei einführen lässt. Das Thema Mutter und totes Kind erfreute sich in der Plastik um 1900 durchaus einiger

Frau mit totem Kind, 1903, Radierung mit lithografiertem goldfarbenem Tonstein, 42,4 × 48,6 cm

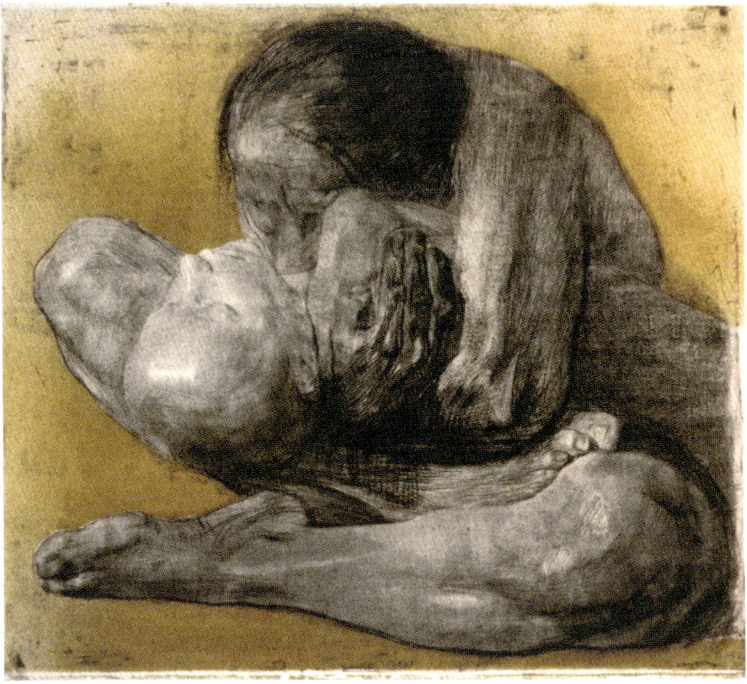

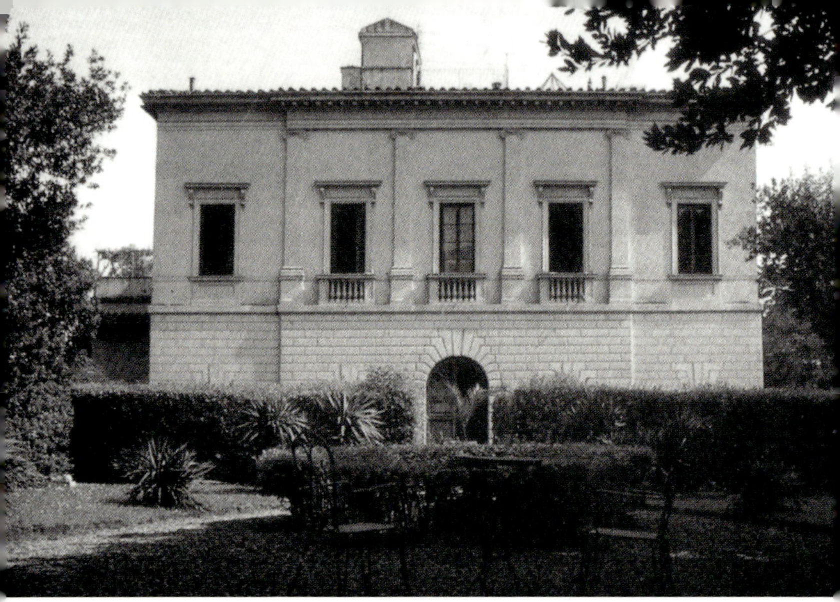

[…] ich werde leichteren Herzens von hier nach Hause fahren als von Paris.

Käthe Kollwitz in einem Brief an ihre Schwester Lise, Florenz, Mai 1907

Beliebtheit. Aber wohl keinem anderen Künstler ist es gelungen, die Verzweiflung der Mutter über ihr verstorbenes Kind so überzeugend und unmittelbar zum Ausdruck zu bringen wie Käthe Kollwitz.

VILLA-ROMANA-PREIS

Die Künstlerin freut sich, dass sich die Arbeit am *Bauernkriegszyklus* 1907 dem Ende zuneigt, denn sie hat sich fest vorgenommen, nach seiner Fertigstellung 1908 wieder nach Paris zu gehen. Da wird über den Maler und Grafiker Walter Leistikow (1865–1908) die Anfrage an sie herangetragen, ob sie sich für den Villa-Romana-Preis interessiere. 1905 hatte der von Käthe Kollwitz hochverehrte Maler, Grafiker und Bildhauer Max Klinger die klassizistische Villa Romana mit 40 Zimmern am Stadtrand von Florenz als Atelierhaus erworben, damit

Die Villa Romana in Florenz, um 1906

Auf dieses Wandern freue ich mich unglaublich. Wie ich aussehen werde, wenn ich dann nach Rom kommen werde, darauf bin ich selbst neugierig. Jetzt schon sehe ich aus, wie sonst im Sommer …

Käthe Kollwitz in einem Brief an ihre Schwester Lise, Florenz, Mai 1907

junge Künstler dort finanziell unabhängig ein Jahr arbeiten können. Erst als Käthe Kollwitz erfährt, dass sie sich dort nicht für ein ganzes Jahr verpflichten muss, sondern jederzeit wieder abreisen kann, bekundet sie Interesse und erhält eine Zusage. Im April 1907 bezieht sie ihr Atelier – noch heute steht ihr Name auf dem Klingelschild. Sie kennt Italien fast gar nicht, hat nur einmal während ihrer Münchner Studienjahre kurz Venedig und Verona besucht. Jetzt will sie die Kunstschätze von Florenz kennenlernen. Aber sie wird nicht recht warm, weder mit den Kollegen in der Villa Romana noch mit der Stadt. Die stattlichen Renaissancepaläste empfindet sie als feindlich, die Vielzahl der Werke in den Uffizien und im Palazzo Pitti als verwirrend. Einige Renaissancefresken in den Kirchen, darunter Masaccios *Auferweckung des Sohnes von Theophilus* und *Petrus in Kathedra* in Santa Maria del Carmine, plastische Werke von Donatello im Bargello und Michelangelos Medici-Kapelle in San Lorenzo bezeichnet sie dagegen als „wunderschön". Nach ihrer Rückkehr wird sie in der Wohnung ein Foto von Michelangelos *Nacht* aufhängen.

Für ihre Enttäuschung über Florenz aber wird Käthe Kollwitz mit dem größten Abenteuer ihres Lebens entschädigt: Sie hat dort die verwegene Engländerin Stan Harding kennengelernt, die Italien alleine – aber mit einem Revolver bewaffnet – zu Fuß durchwandert. Kollwitz schließt sich Stan begeistert an für eine dreiwöchige Fußwanderung von Florenz nach Rom. Karl Kollwitz ist eingeweiht. Wir wissen nicht, ob er versucht hat, seiner Frau dieses Wagnis auszureden. Wohl kann ihm dabei nicht gewesen sein, zwei Frauen mutterseelenallein, teilweise am Meer, teilweise durch die Maremmengegend, unterwegs zu wissen. Kein einziger Tourist begegnet ihnen, nur Einheimische, welche die beiden Frauen für Pilgerinnen halten und sie meist kostenlos verpflegen gegen das Versprechen, dass sie für sie in St. Peter ein Gebet sprechen. In der Maremmengegend muss Stan gelegentlich auch einmal ihren Revolver hervorholen und ihn dem einen oder anderen Einheimischen unter die Nase halten, um sich Respekt zu verschaffen. Die Wanderung wird einerseits von Tag zu Tag strapaziöser, beschenkt die beiden Frauen aber andererseits mit prachtvollen Natureindrücken. Aufgrund der Hitze müssen sie oft nachts gehen: „Zwei Nächte“, schreibt Kollwitz in einem Brief, „sind wir ganz durchgewandert, [...] mit allem was dazugehört: Vollmond, Leuchtkäfern, daß es einem vor den Augen flimmert, und Heuschreckengesang.“ Bei sinkender Sonne ziehen die beiden am 13. Juni, ein wenig „auf den Hund gekommen“, über den Ponte Molle in die Heilige Stadt ein.

Kurz darauf kommt Kollwitz’ fünfzehnjähriger Sohn Hans für eine knappe Woche mit dem Zug angereist. Käthe Kollwitz, geradezu „erschlagen“ von den vielen Kunstschätzen, will ihm vor allem das antike Rom zeigen, auch wenn sie etwas enttäuscht ist, dass „das alte Rom nur noch Ruine ist“. Und dann folgt die wohlverdiente Erholung. Es geht mit der ganzen Familie zum Badeurlaub in die Bucht von Fiascherino bei La Spezia in Ligurien. Karl Kollwitz hat einen Vertreter für die Arztpraxis gefunden. Seine Frau, von der keine einzige Landschaftsdarstellung bekannt ist und die schon zu dieser Zeit nicht mehr farbig arbeitet, gerät über die Farbenpracht, die sich ihr beim Schwimmen bietet, ins Schwärmen: „Herrgott, wie schön war das, gegen den Horizont das grüngraue und durchsichtig gewordene Wasser und bei den Senkungen der Wellen dahinter ein direkt smaragdgrünes Meer gegen milchigblauen Himmel.“

Krisen- und Katastrophenjahre

SCHMERZLICHE VERLUSTE, SCHWERE ZEITEN

1908 ist der *Bauernkriegszyklus* endlich vollendet. Käthe Kollwitz hat geradezu danach gefiebert. Nun würde sie so gerne wieder in ihr geliebtes Paris, um endlich plastisch arbeiten zu können. Sie weiß, dass sie dies ohne Anleitung allein nicht schaffen kann. Aber die Söhne brauchen sie doch noch. Hans ist schon 16, aber Peter erst zwölf Jahre alt. Und was ist mit Karl? Um die Ehe steht es nicht zum Besten. Der Grund dafür ist Hugo Heller. Heller, drei Jahre jünger als Käthe Kollwitz, ist ein Wiener Buchhändler: warmherzig, ideenreich, für alles begeisterungsfähig, was mit Literatur, Kunst, Musik und Psychologie zusammenhängt, ein ungemein dynamischer und vielseitiger Mann. Von 1902 bis 1904 hat er – jung verheiratet mit der Grafikerin Hermine Ostersetzer – in Berlin gelebt. Käthe Kollwitz freundete sich damals mit seiner Frau an, die 1901 mit einem sozialkritischen Zyklus an die Öffentlichkeit getreten war, der ihr Anerkennung verschafft hatte. Hugo Heller hat sich wohl schon in dieser Zeit zu Käthe Kollwitz hingezogen gefühlt, sich aber nicht offenbart. Zurück in Wien stirbt Hermine wenige Jahre später am 8. März 1909 im Alter von nur 34 Jahren an Tuberkulose. Heller beginnt einen von innerlicher Zerrissenheit zeugenden Brief an Käthe Kollwitz, einsam, schuldbewusst gegenüber seiner geliebten verstorbenen Frau und in Sorge um seine beiden kleinen Kinder: „Liebste Freundin, wie sehne ich mich nach Ihnen." Und er fragt, ob er sie bei einer Fahrt nach Berlin treffen könne. Es kommt nicht zu der Reise. Käthe Kollwitz – auch sie plagen Gewissensbisse gegenüber der toten Hermine – entwirft Briefe, die sie zwar nicht abschickt, von denen sie aber Fragmente in ihr Tagebuch einlegt. Auf einem notiert sie wohl am 14. Mai 1909, dem 17. Geburtstag ihres Sohnes Hans: „[...] an meines Jungen Geburtstag sitz ich und wein aus Sehnsucht." Zu diesem Zeitpunkt scheint sie sich aber schon für ein Bleiben in Berlin entschieden zu haben. Obwohl Karl seine Frau hätte ziehen lassen. Ein bewegendes Gedicht von ihm aus dieser Zeit hat Käthe Kollwitz in ihrem Tagebuch aufgehoben:

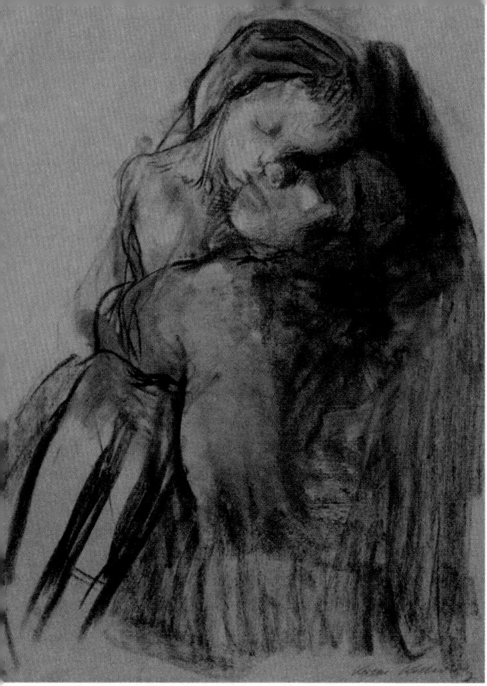

Frau mit totem Kind auf den Knien, 1911, Kohle, 60 × 46,5 cm

„[...] Still bist du geworden / Niedergeschlagen / Sehnsüchtig unruhig. / [...] Das Alte scheint alt, / grau, [...], / verbraucht, [...] Du siehst weit in die Ferne / in Gefilde [...] / Der Wärme, in Schönheit, / In Lust und in großes Ereignen. / Ich wollte Dich lehren, Deine / große Kraft arbeiten zu lassen / [...] Deine Leistungen / sollten herabfallen auf die strebende, sehnsüchtige Menschheit / wie labender Regen – / erfüllte Sehnsucht, ge- / bändigte Kraft, beruhigte Ziele, / geklärtes Streben – / das alles sollte / aus Deinen Werken leuchten / Du willst – es nicht – / Du willst nur fliegen, / wohin der Zug der / Dich treibt, / [...] in / ungemeine Ferne – / Ich bleibe und sehne mich. / Du aber fliege." Vielleicht hat Karl Kollwitz' hoher, ganz unzeitgemäßer Anspruch an die Kunst seiner Frau, bei dem er sich von seinen sozialdemokratischen und wohl auch religiösen Vorstellungen der Freien Gemeinde leiten ließ, mit zu der Entfremdung geführt?

Das Jahr 1908 bringt für Käthe Kollwitz auch einschneidende Verluste mit sich: Der Mann ihrer ältesten Schwester in Berlin stirbt erst 48-jährig, und Walter Leistikow setzt seinem aussichtslos und unerträglich gewordenen Kampf gegen die Syphilis mit 43 Jahren am 24. Juli in Berlin-Schlachtensee ein Ende. Ob Kollwitz ahnt, dass für die Berliner Secession ohne Leistikow, ihren Mitbegründer mit seiner verbindlichen, liebenswürdigen Art und sehr viel diplomatischem Geschick, schwere Jahre heraufziehen? Als ob das alles nicht schon genug wäre, erkrankt Ende 1908 Kollwitz' älterer Sohn Hans schwer an Diphterie, ist „nahe am Tod". Eine Impfung des Vaters bringt nicht den gewünschten Erfolg: „Es wurde dann besser", schreibt Kollwitz an die Freundin Beate Bonus-Jeep, „[...] man glaubte, alles wäre vorüber, als er eine Woche nach der Einspritzung – ganz plötzlich eines Abends um acht Uhr – einen solchen Zustand von Herzschwäche bekam, daß wir glaubten, der Junge stürbe unter unseren Händen. [...] dieses kalte Entsetzen, das einen anfaßt, wenn man fühlt, weiß, in den nächsten Minuten ist dieses junge Leben vielleicht abgeschnitten und das Kind ist weg, – das war doch wohl das Schlimmste bis jetzt, und das ist auch nicht so bald zu verwinden." In der Folge beschäftigt dieses Erlebnis Käthe Kollwitz geradezu obsessiv in ergreifenden Zeichnungen – darunter *Frau mit totem Kind auf den Knien* –, in Radierungen und in der Plastik, wobei sie in der Bildhauerei über Versuche nicht hinauskommt.

1908 setzen die Tagebücher von Käthe Kollwitz ein, denen sie später so viel anvertrauen wird: die Auseinandersetzung mit der eigenen Arbeit, ihr Verhältnis zu anderen Menschen und die politische und künstlerische Standortsuche. In den einzigen beiden Einträgen aus diesem Jahr findet sich kein Sterbenswörtchen zu den dramatischen Vorkommnissen, wohl aber zu einer neuen Tätigkeit, und zwar für den ***Simplicissimus*** *. Die Mitarbeit gilt für Künstler als ehrenvoll, ja als Meilenstein in der Karriere jedes Grafikers. In ihren 14 Zeichnungen für den „Simpel" – die meisten entstehen 1909 – wendet sich

---

* *Der* **SIMPLICISSIMUS** *war zu Beginn des 20. Jahrhunderts die bekannteste satirische Wochenzeitschrift in Deutschland. Sie erschien von 1896 bis 1944 in München. Seinen großen Erfolg verdankte der linksliberale* Simplicissimus *sowohl seiner geistvoll streitbaren politischen Aktualität als auch der künstlerischen Qualität der Literaturbeiträge und Zeichnungen. Neben so bedeutenden Karikaturisten wie Thomas Theodor Heine und Olaf Gulbransson waren sporadisch auch Künstler wie Théophile-Alexandre Steinlen, Max Slevogt, Ernst Barlach und Heinrich Zille für das Blatt tätig.*

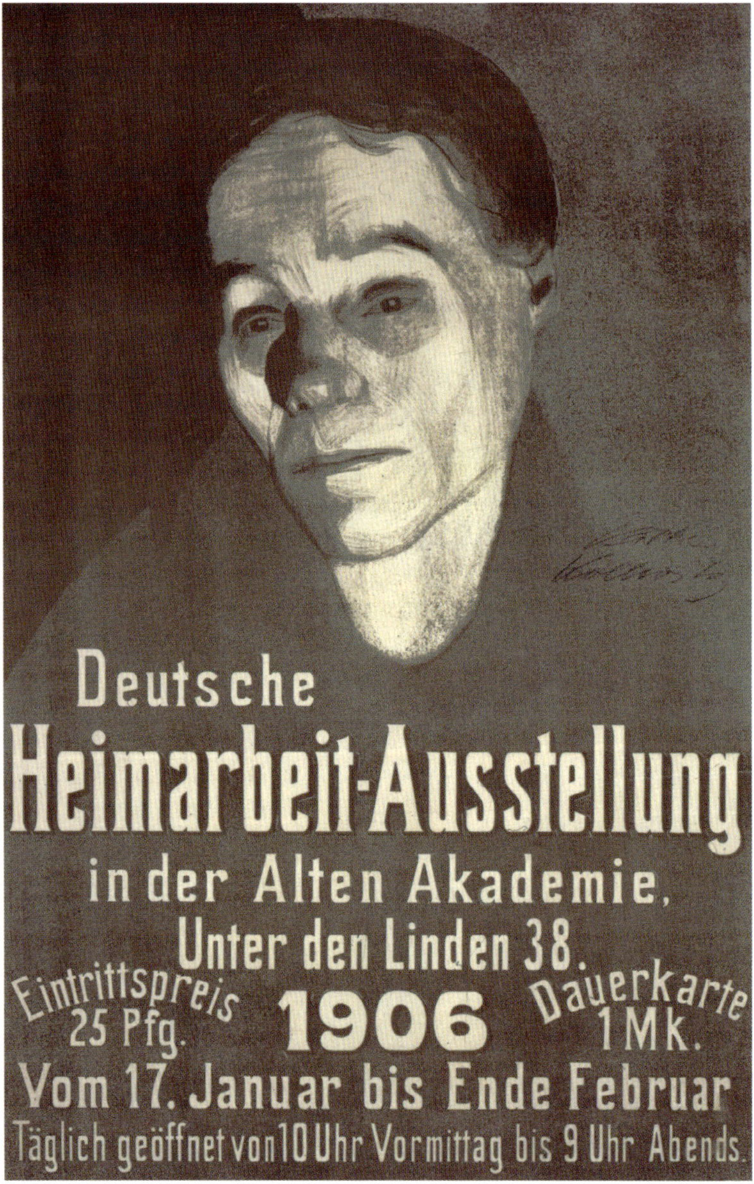

Plakat der *Deutschen Heimarbeit-Ausstellung*, 1906, Lithografie, 69,2 × 44,7 cm

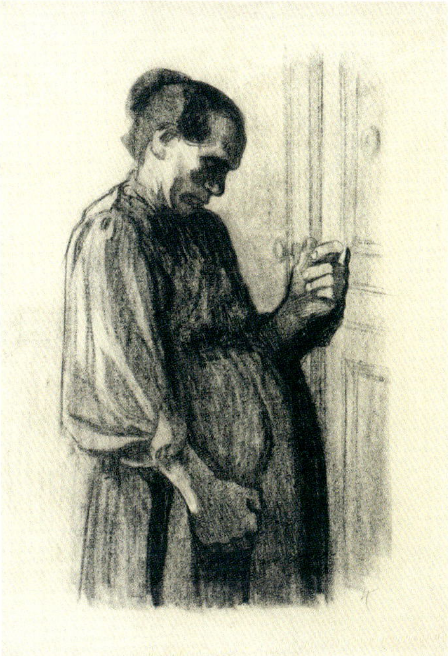

Ich schreibe an den Simplicissimus und frage, ob er eine Serie Zeichnungen Proletarierleben brauchen kann.

Käthe Kollwitz in ihren Tagebüchern, 26. August 1909

Beim Arzt, 1908/09,
Kohle, 70,7 × 56 cm

Käthe Kollwitz den aktuellen Problemen des Proletariats zu und macht die Grafik damit zunehmend zum Instrument sozialen und politischen Engagements. Den Frauen und Müttern gilt ihr besonderes Augenmerk. Schon bei dem Plakat für die *Deutsche Heimarbeit-Ausstellung* gelang es ihr 1906, nur durch das verhärmte Porträt einer Arbeiterin deren Leid so eindrucksvoll zum Ausdruck zu bringen, dass die Zeitgenossen es als Anklage gegen die Gesellschaftsordnung ansahen und die Kaiserin den Besuch der Ausstellung verweigerte, solange es hing.

Konzentration auf das Wesentliche wird ein immer wichtigeres Anliegen der Künstlerin im Verlauf der nächsten Jahre. Noch finden sich auf den Zeichnungen für den „Simpel" wie *Beim Arzt* – wenn auch schon sehr reduziert – Angaben zum Raum. Später werden sie ganz wegfallen, und die Künstlerin wird sich auf die Figuren, deren Physiognomie, Gesten und Körpergebärden konzentrieren. Am Tag vor ihrem 24. Verlobungstag, am 27. September 1909, zeigt Käthe Kollwitz zum ersten Mal ihrem Mann die jüngsten sechs Zeichnungen für den *Simplicissimus*: „Er hat fast geweint und drückte und küßte mich." Diese Blätter entsprechen seinen Vorstellungen von Kunst wahrscheinlich mehr als die beiden frühen Zyklen *Ein Weberaufstand* und *Bauernkrieg*. Das Ehepaar scheint wieder zueinandergefunden zu haben, und die Krise mit Heller ist überwunden. Die Jahre vor Ausbruch des Ersten Weltkrieges 1914 bringen nun für Käthe Kollwitz und ihre Familie „sehr viel Gutes".

ERSTER WELTKRIEG

„August 1914/Krieg". Mit diesen Worten beginnen die Tagebuchaufzeichnungen für den Monat. Nach der Kriegserklärung Österreich-Ungarns an Serbien am 28. Juni 1914 nach dem Attentat auf das österreichische Thronfolgerpaar in Sarajevo überschlagen sich die Ereignisse: Deutschland erklärt am 1. August Russland, am 3. August Frankreich den Krieg und marschiert am 4. August in Belgien ein. Daraufhin tritt auch Großbritannien in den Krieg ein. Innerhalb von nur vier Tagen befinden sich damit auf einen Schlag alle Großmächte Europas im Ersten Weltkrieg, in den schließlich direkt oder indirekt fast 40 Staaten involviert sein werden und der circa 17 Millionen Tote fordern wird. Käthe und Karl Kollwitz kehren Hals über Kopf aus ihrem Urlaub in Ostpreußen nach Berlin zurück. Hans ist zu diesem Zeitpunkt schon in der Kaserne, Peter dagegen befindet sich auf großer Wandertour mit Freunden in Norwegen, in einem Land, das während des ganzen Ersten Weltkrieges neutral bleiben wird. Peter müsste noch nicht zum Militär. Er ist erst 18 Jahre alt und damit noch nicht volljährig. Aber er und seine Freunde brennen darauf, schnellstmöglich in den Krieg zu ziehen. Den weisen Ratschlag des deutschen Konsuls in Bergen, sie sollten lieber in Norwegen bleiben und einem Bauern bei der Ernte helfen, wollen die jungen Leute nicht hören.

Die Welt stürzte für mich zusammen.

Käthe Kollwitz in ihrem Rückblick *Die Jahre 1914 bis 1933 zum Umbruch*, 1943

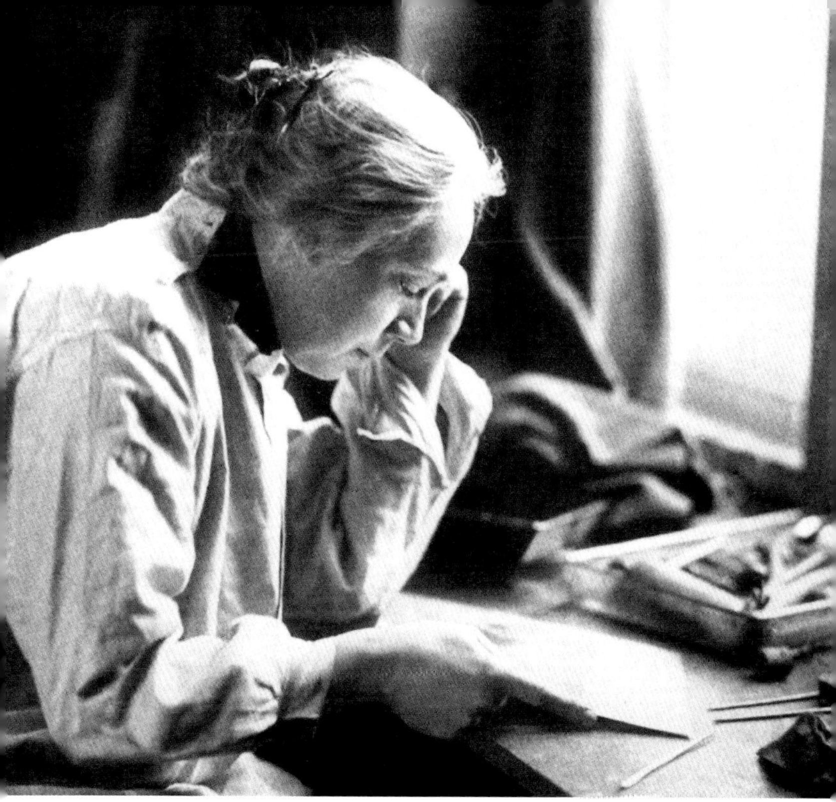

Käthe Kollwitz mit Kupferplatte, um 1910

Sie schaffen es mit dem letzten Schiff nach Deutschland, nachdem sie sich noch auf einer Zugfahrt mit jungen Engländern und Franzosen freundlich ausgetauscht haben, dass zu Hause ja Krieg sein solle. Zurück in Berlin setzen sie alle Hebel in Bewegung, um sich als Freiwillige melden zu dürfen. Peter bestürmt seinen Vater, ihm die schriftliche Einwilligung zu geben. Das Tagebuch von Käthe Kollwitz legt darüber Zeugnis ab: „Karl spricht mit allem dagegen, was er kann [...]: ,Das Vaterland braucht dich noch nicht, sonst hätte es dich schon gerufen.' Peter leiser, aber fest: ,Das Vaterland braucht meinen Jahrgang noch nicht, aber mich braucht es.' Immer wendet er sich stumm mit flehenden Blicken zu mir [...]. Endlich sagt er: ,Mutter, als Du mich umarmtest, sagtest du: glaube nicht, daß ich feige bin, wir sind bereit.' Ich stehe auf, [...] und ich bitte den Karl für Peter. [...] Dieses Opfer,

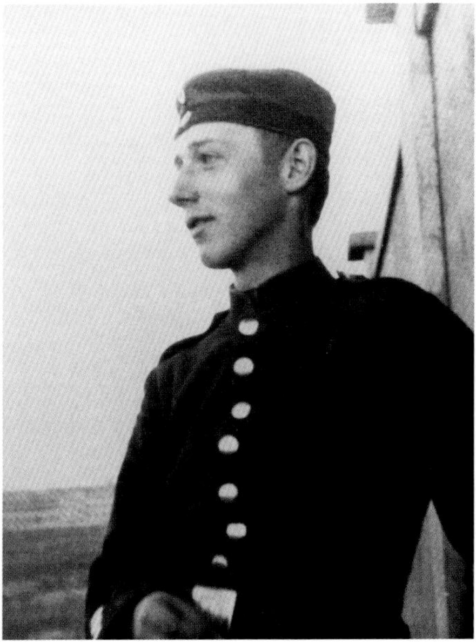

Peter Kollwitz
in Uniform, 1914

zu dem er mich hinriß und zu dem wir Karl hinrissen." Mit der Einwilligung des Vaters zieht Peter am 13. Oktober 1914 in den Krieg. Am 22. Oktober 1914 fällt er als Freiwilliger bei Dixmuiden in Belgien.

1948 versucht Hans Kollwitz, die Haltung seiner Mutter rückblickend zu erklären: „Als der erste Weltkrieg losbrach, erfaßte sie eine furchtbare Traurigkeit. Aber sie wurde anfangs über diese Traurigkeit hinweggetragen durch die Einstellung der damaligen jungen Menschen, besonders die meines Bruders Peter und seiner Freunde. Wir hatten damals noch keinen Krieg erlebt, wir kannten nicht die Hintergründe des Krieges und lebten in der Hölderlinschen Auffassung vom ‚Tod fürs Vaterland' und in der Vorstellung vom Opfer." Dem Sohn, der sein Leben als Opfer freiwillig darbringen möchte, will Käthe Kollwitz die Treue halten durch die Bereitschaft, ihrerseits zu opfern. Je länger der Krieg jedoch dauert, umso fragwürdiger kommt ihr diese Einstellung vor. 1916 sinniert sie im Tagebuch: „Es wird für ewig bestehen bleiben, daß das Leben in den Dienst einer Idee gestellt werden muß. Was aber ist in diesem Fall darauf gefolgt? Peter, Erich, Richard [Peters Freunde der Norwegenreise], alle stellten ihr Leben unter die Idee der Vaterlandsliebe. Dasselbe taten die englischen, die russischen, die französischen Jünglinge. Die Folge war, das Rasen gegeneinander, die Verarmung Europas am Allerschönsten. Ist also die Jugend in all diesen Jahren betrogen worden? Hat man ihre Fähigkeit der Hingabe benutzt um den Krieg zustande zu bringen? Wo sind die Schuldigen? Sind sie alle Betrogene?"

Von da an datiert für mich das Altsein. Das dem Grabzugehn. Das war der Bruch. Das Beugen bis zu einem Grade, daß es nie mehr ein ganzes Aufrichten gibt.

Käthe Kollwitz in ihren Tagebüchern, 12. Oktober 1917

Käthe Kollwitz wandelt sich immer mehr zur Pazifistin. Als der Dichter Richard Dehmel am 22. Oktober 1918 kurz vor dem Ende des längst verlorenen Krieges im *Vorwärts,* dem Zentralorgan der deutschen Sozialdemokratie, „zum letzten Kriegsaufgebot" aufruft, tritt Käthe Kollwitz ihm mutig in einem ebenfalls dort am 30. Oktober abgedruckten offenen Brief entgegen. Sie will nicht, dass noch mehr junge Deutsche geopfert werden: „Meiner Meinung nach [...] wäre ein solcher Verlust für Deutschland viel schlimmer und unersetzlicher als der Verlust ganzer Provinzen. [...] Man hat tief umgelernt in diesen Jahren. Mir will scheinen auch in Bezug auf den Ehrbegriff. [...] Es ist genug gestorben! Keiner darf mehr fallen! Ich berufe mich gegen Richard Dehmel auf einen Größeren, welcher sagte: ‚Saatfrüchte sollen nicht vermahlen werden'." Dieses Goethe-Zitat aus *Wilhelm Meisters Lehrjahre* (1795) wird 1941 – mitten im Zweiten Weltkrieg – auch ihre vorletzte Lithografie als Titel tragen. Es ist das Vermächtnis, das „Testament" der Künstlerin, „kein sehnsüchtiger Wunsch, sondern Gebot", wie sie selbst betont.

Ab 1915 setzt sich Käthe Kollwitz mit dem Ersten Weltkrieg auch in Zeichnungen auseinander – heimlich und unter Tränen. Lange ist sie hin und her gerissen, ob sie die so persönlichen Erlebnisse in einem

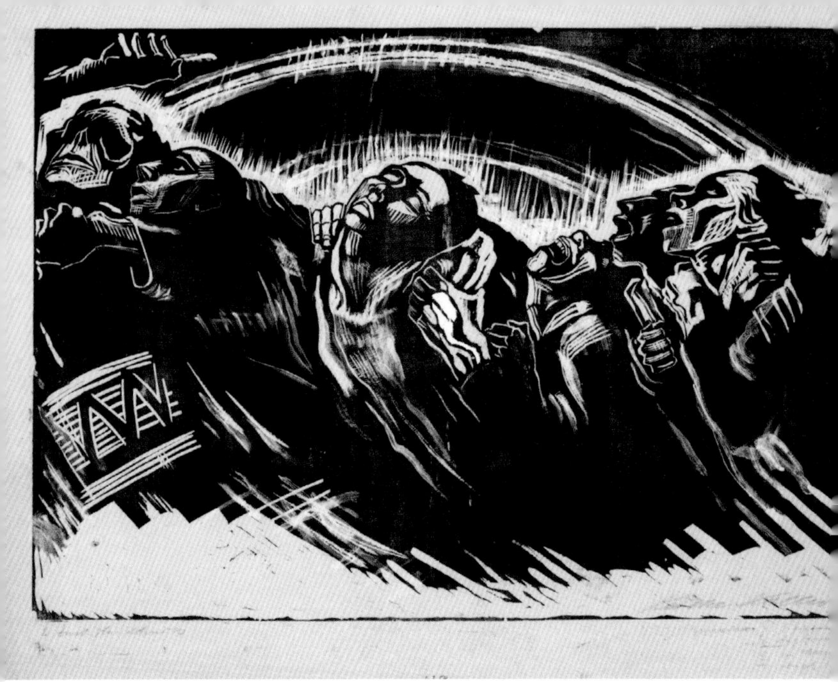

Die Freiwilligen, Blatt 2 aus der Folge **Krieg**, 1921/22, Holzschnitt, 35 × 49,6 cm

druckgrafischen Zyklus zusammenfassen soll. Über ihre anfänglichen Bedenken schreibt sie Hans zu Beginn des letzten Kriegsjahres am 31. Januar 1918: „Erstens die Scheu mit diesem innersten Erlebten [...] dieser Jahre herauszukommen und dann das Gefühl des Stümperhaften der Atelierarbeit [...] diesem Leben und Sterben gegenüber." Aber da steht der Entschluss schon fest. Es wird ein mühsamer und langer Weg, bis die Folge *Krieg* 1922 endlich fertiggestellt ist. Als Technik wählt sie nach einigen Versuchen mit Radierungen und Lithografien schließlich den Holzschnitt, ein grafisches Medium, in dem sie bislang nicht gearbeitet hat. Auslöser war vermutlich der Besuch einer Secessionsausstellung 1920: „Da sah ich etwas, was mich ganz umschmiß, das waren Barlachsche Holzschnitte."

Auf dem ersten Blatt opfert eine Frau ihr Kind mit geschlossenen Augen, blind, unwissend, wie Kollwitz selbst es im ersten Kriegsjahr gewesen war. Auf dem zweiten folgen die *Freiwilligen* dem Tod als

Heerführer. Auf einem Abzug dieser Arbeit hat Käthe Kollwitz unterhalb der Freiwilligen Initialen eingefügt. Daher wissen wir, dass sie Peter und vier seiner Freunde dargestellt hat, die im Krieg gefallen waren. Die Folge endet gleich auf zwei Blättern eindringlich mit dem Appell an die Mütter, ihre Kinder nie wieder für einen Krieg herzugeben. Auf dem vorletzten stehen die Frauen wie ein Fels eng zusammengedrängt und drücken ihre Kinder fest an sich.

Mit ihren Holzschnitten zum *Kriegszyklus* nähert sich Käthe Kollwitz stilistisch dem **Expressionismus** * an. Nachdem die Berliner Secession 1913 auseinandergebrochen ist und Käthe Kollwitz mit der Mehrzahl der Mitglieder 1914 die Freie Berliner Secession gegründet hat, ist es dort zu einem Generationenwechsel gekommen. In ihr haben jetzt nicht mehr die Impressionisten das Sagen, sondern die Expressionisten. Im Gegensatz zu den meisten Expressionisten jedoch, die häufig die Technik des Holzschnitts dazu nutzen, Personen, Gegenstände und Landschaften in geometrisch-kantige Formen zu zersplittern, bleibt Käthe Kollwitz zeitlebens bei der „bekannte[n] menschliche[n] Form, die aber", so die Künstlerin, „ganz destilliert sein muß".

Der Holzschnitt kommt Käthe Kollwitz bei ihrer *Kriegsfolge* entgegen, weil er durch die übergangslosen Kontraste einen stärkeren

---

* *Der* **EXPRESSIONISMUS** *(lat. expressio, Ausdruck) ist eine Stilrichtung der bildenden Kunst, die Anfang des 20. Jahrhunderts entstand. Sie brachte das innere Erlebnis anhand der sichtbaren Welt durch intensive Farben zum Ausdruck, die großflächig und in vereinfachten Formen unvermittelt nebeneinandergesetzt wurden. Bekanntheit erlangte der Expressionismus vor allem durch die beiden Künstlervereinigungen Die Brücke mit Ernst Ludwig Kirchner, Erich Heckel, Karl Schmidt-Rottluff und Max Pechstein sowie dem Blauen Reiter mit Wassily Kandinsky, Franz Marc, Alexej von Jawlensky und August Macke als deren bekanntesten Vertretern.*

Käthe Kollwitz und Ernst Barlach

Käthe Kollwitz und Ernst Barlach (1870–1938) müssen sich schon 1907 begegnet sein, als der nur drei Jahre jüngere Bildhauer, Grafiker und Schriftsteller erstmals in der Berliner Secession ausstellte und deren Mitglied wurde. Später wechselten beide Künstler zur Freien Berliner Secession und lernten sich im Laufe der Jahre gegenseitig schätzen. Kollwitz las Barlachs Dramen und erhielt wichtige Anregungen für ihren *Kriegszyklus* durch einige seiner Holzskulpturen sowie Holzschnitte. Beide Künstler fanden im Verlauf des Ersten Weltkriegs zu einer pazifistischen Haltung – Barlachs berühmte Mahn- und Ehrenmale für die Opfer des Ersten Weltkriegs aus den 1920er-Jahren zeugen davon. Eines von ihnen, das *Güstrower Ehrenmal* – auch als *Schwebender* oder *Schwebender Engel* bekannt – trägt die Gesichtszüge von Käthe Kollwitz. Er selbst betonte, dass sie ihm hineingeraten seien, ohne dass er es sich vorgenommen hatte: „Hätte ich sowas gewollt, wäre es mir wahrscheinlich mißglückt."

Der tote Barlach, 1938, Kohle, 47,6 x 50 cm

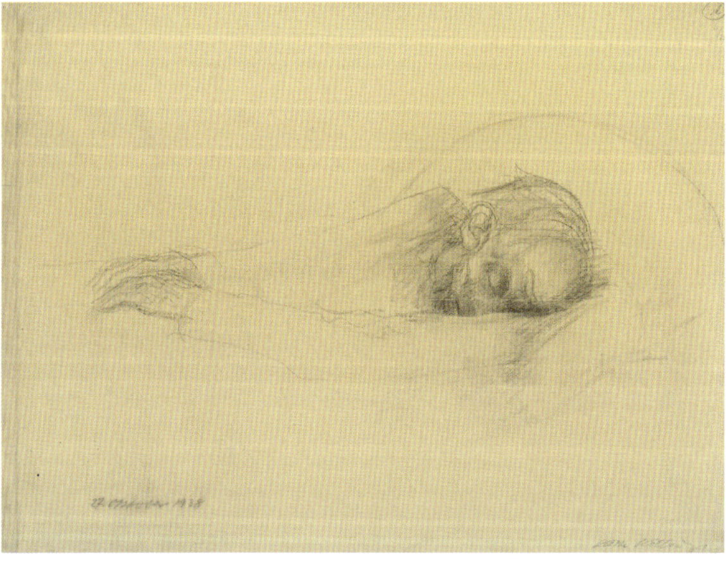

Nach der Machtergreifung der Nationalsozialisten protestierte Ernst Barlach gegen den Zwangsausschluss von Käthe Kollwitz und Heinrich Mann aus der Akademie der Künste. Wie für Kollwitz begann auch für ihn nun der Weg in die innere Emigration. Nicht nur seine Werke wurden aus der Öffentlichkeit entfernt, er wurde darüber hinaus zunehmend Opfer nationalsozialistischer Diffamierungen und 1938 – wie Käthe Kollwitz fünf Jahre zuvor – zum Austritt aus der Preußischen Akademie der Künste gezwungen. Kurz darauf starb der Künstler – der seit 1910 in Güstrow lebte – einsam und verfemt.

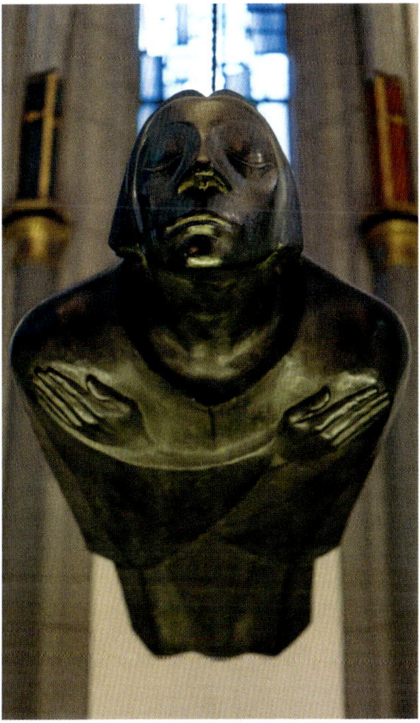

Ernst Barlach, **Schwebender Engel**, 1927, Bronze, Antoniterkirche, Köln

Käthe Kollwitz nahm an seiner Trauerfeier teil und zeichnete nach ihrer Rückkehr aus der Erinnerung den toten Freund im offenen Sarg. Gleichzeitig begann sie die Arbeit an ihrem Bronzerelief *Die Klage* (1938–40), über dessen Entstehung sie 1941 in einem Brief schrieb: „Als ich die […] Arbeit machte […], stand ich unter dem Eindruck von Barlachs Tod und dem furchtbaren Unrecht, das er erlitten hatte.“

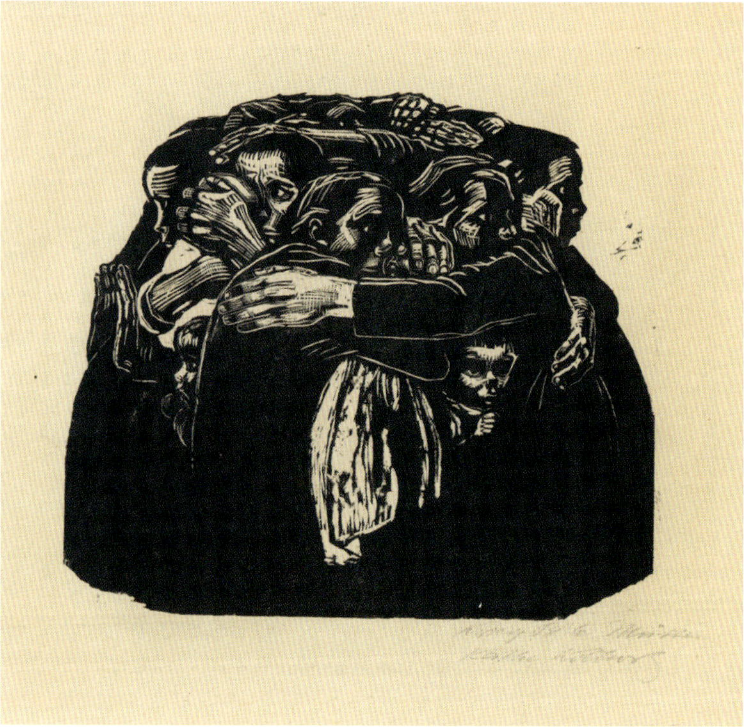

Die Mütter, Blatt 6 aus der Folge **Krieg**, 1921/22, Holzschnitt, 34 × 40 cm

Abstraktionsgrad als Radierungen und Lithografien ermöglicht. Nach der Fertigstellung des *Kriegszyklus* ebbt das Interesse der Künstlerin an dieser Technik wieder ab. Sie bleibt Episode. Das bevorzugte Medium wird nun die Lithografie, bei der die Künstlerin auf Papier mit einer speziellen Lithokreide zeichnen und diese Zeichnung später einfach auf den Lithostein umdrucken kann.

Auf dem Höhepunkt der Anerkennung

WEIMARER REPUBLIK

Am 9. November 1918 verkündet der Sozialdemokrat Philipp Scheidemann von einem Fenster des Reichstages in Berlin das Ende des Deutschen Kaiserreiches und ruft die Deutsche Republik aus. In der jubelnden Menge erlebt Käthe Kollwitz hautnah die Geburtsstunde der Weimarer Republik, der ersten Demokratie Deutschlands, in der die SPD mit Friedrich Ebert als erstem Reichspräsidenten und Otto Braun als Ministerpräsidenten des Freistaates Preußen eine führende Rolle übernimmt. Von einem Tag auf den anderen verändert sich damit auch die Stellung von Käthe Kollwitz. Endlich erhält sie – längst die bekannteste Künstlerin Deutschlands – die Anerkennung, die ihr bisher von offizieller Seite versagt wurde. Am 24. Januar 1919 wird sie als erste Frau nach mehr als 100 Jahren in die altehrwürdige **Preußische Akademie der Künste** * gewählt. Im Sommer 1919 bekommt sie außerdem den Professorentitel verliehen – was ihr unangenehm ist, hat sie sich doch mit dem Entstehen der Weimarer Republik wie auch andere gegen jede Art von Titel ausgesprochen. Ab Mai 1928 ist sie überdies Mitglied des Senats der Akademie.

In den ersten Nachkriegsjahren, die von einer galoppierenden Inflation und entsetzlicher Not in Deutschland und Österreich gekennzeichnet sind, wird Käthe Kollwitz mit humanitären und sozialpolitischen

---

* *Die* **PREUSSISCHE AKADEMIE DER KÜNSTE** *wurde 1696 von Kurfürst Friedrich III., dem späteren preußischen König Friedrich I., nach dem Vorbild der Akademien in Rom und Paris gegründet. Sie war die dritte Institution dieser Art, ihre Mitglieder verpflichtete sie wie auch die Pariser Akademie von Beginn an zur Künstlerausbildung. Zur Zeit von Käthe Kollwitz zog mit insgesamt 23 neuen gewählten Mitgliedern – darunter Lovis Corinth, Wilhelm Lehmbruck und Ernst Barlach – der Geist der Moderne ein.*

Aufträgen für Plakate, Flugblätter und Broschüren geradezu überschüttet. Nicht selten empfindet die Künstlerin ihre neue Rolle als Belastung: 1920 beispielsweise, bei der Arbeit an einem Plakat zugunsten der hungernden Kinder Wiens, notiert sie in ihr Tagebuch: „Ich fühlte, daß ich mich doch nicht entziehen dürfte der Aufgabe, Anwalt zu sein. Ich soll das Leiden der Menschen, das nie ein Ende nimmt, das jetzt bergegroß ist, aussprechen." Fast klingt diese Äußerung wie die Antwort auf einen Artikel über Käthe Kollwitz in der *Leipziger Illustrierten Zeitung* im Herbst 1919, wo sie wohl zum ersten Mal als „großer Anwalt" der „Enterbten" und „Unerlösten" des Volkes gepriesen wird. Es sind Arbeiten wie diese – darunter das Plakat *Deutschlands Kinder hungern* –, die das Bild der Künstlerin bis heute prägen. Sie tragen Kollwitz aber auch immer wieder den von dem Grafiker Horst Janssen am beißendsten formulierten Vorwurf ein: „[...] aus war's mit der Kunst. Nur noch Käthe Kruse-Puppen mit ausgedrückten Augen, die um Brot betteln [...]." Ein solcher Ausspruch verkennt jedoch, dass Kollwitz bei ihren Plakaten bewusst das sozialpolitische Anliegen in den Vordergrund stellte und um der Wirkung willen „knüppeldick in Auffassung und Ausdrucksart" auftrug, wie sie es einmal gegenüber ihrem Sohn Hans formulierte.

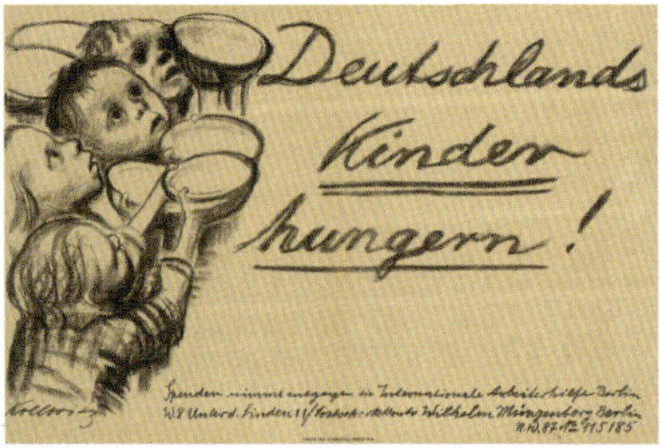

Deutschlands Kinder hungern, 1923, Lithografie, 43 × 69 cm

Schon bald treten in der Weimarer Republik die Erinnerungen an die Schrecken des Ersten Weltkrieges in den Hintergrund. Stattdessen wird das „Diktat von Versailles", wie der von den Siegermächten durchgesetzte Friedensvertrag allgemein genannt wird, als Schmach empfunden. Pazifisten und ihre Organisationen befinden sich in der absoluten Minderheit, ja geraten zunehmend ins Abseits, was Käthe Kollwitz – die nach Peters Tod eine engagierte Pazifistin geworden ist – mit Besorgnis in ihren Tagebüchern registriert.

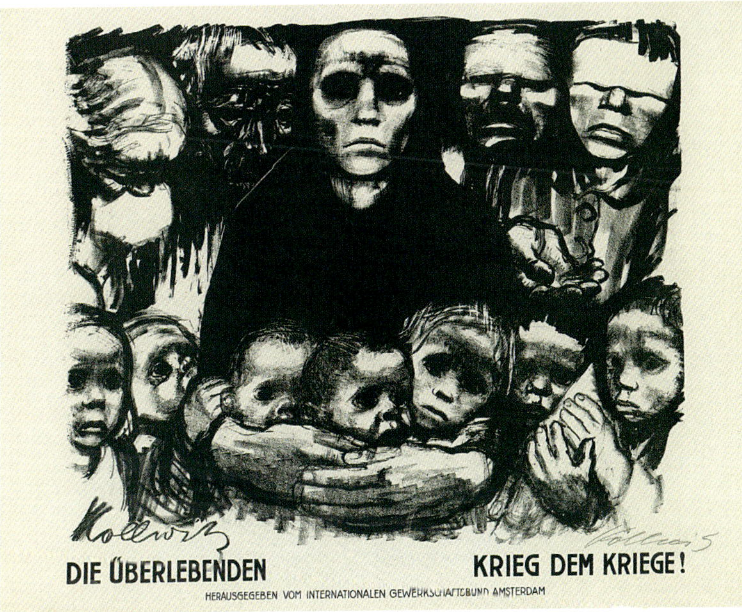

Die Überlebenden, 1923, Lithografie, 56,2 × 68,5 cm

In den 1920er-Jahren erhält die Künstlerin viele gegen den Krieg gerichtete Auftragsarbeiten. 1923 wird sie vom Internationalen Gewerkschaftsbund mit einem Plakat für den Antikriegstag im September 1924 beauftragt, mit dem der zehnjährigen Wiederkehr des Ausbruchs des Ersten Weltkrieges gedacht werden soll. Käthe Kollwitz wählt dafür, wie schon am Ende ihres *Kriegszyklus*, nach eigenen Worten aus einem Brief an ihre Freundin Beate Bonus-Jeep, noch einmal Mütter, die ihre Kinder nicht in den Krieg ziehen lassen wollen. Da der Gewerkschaftsbund aber unbedingt die Überlebenden zeigen will, ändert sie ihren Entwurf und zeichnet schließlich Frauen, Witwen, Blinde, um sie herum die Kinder mit angstvoll fragenden, ratlosen Augen und blassen Gesichtern. In ihrem Tagebuch erklärte sie schon am 4. Dezember 1922: „[...] wenn ich mich mitarbeiten weiß in einer internationalen Gemeinschaft gegen den Krieg, hab ich ein warmes durchströmtes und befriedigtes Gefühl." Und sie bekennt nun: „Ich bin einverstanden damit, daß meine Kunst Zwecke hat. Ich will wirken in dieser Zeit, in der die Menschen so ratlos und hilfsbedüftig sind."

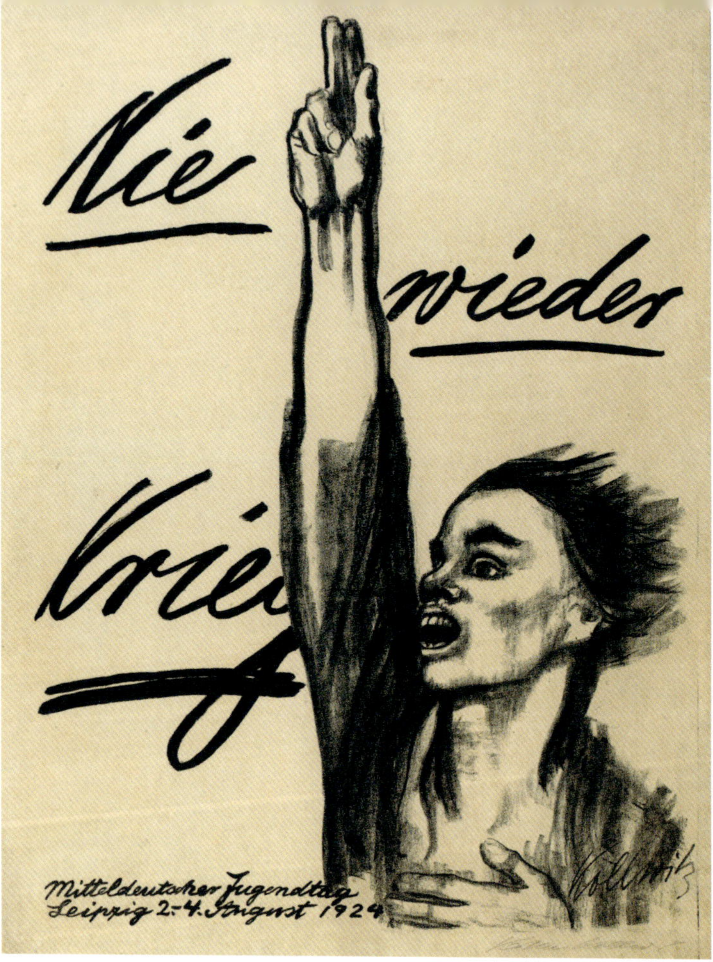

Nie wieder Krieg, 1924, Lithografie, 94 × 68,5 cm

Nie wieder Krieg. Für die in der Weimarer Republik alljährlich abgehaltenen Demonstrationen der Nie-wieder-Krieg-Bewegung schuf Käthe Kollwitz 1924 ihr wohl bekanntestes Plakat, das während der Kampagnen gegen die Wiederaufrüstung nach dem Zweiten Weltkrieg, bei den Ostermärschen der 1960er-Jahre und der Friedensbewegung der 1980er-Jahre zur Ikone wurde. Es zeigt einen Jugendlichen, der seine linke Hand aufs Herz gelegt, die rechte zum Schwur erhoben hat und lautstark „Nie wieder Krieg" ruft.

Käthe Kollwitz setzt sich für die Aussöhnung und Verständigung mit den europäischen Nachbarstaaten nicht nur auf Plakaten ein, sondern auch Seite an Seite mit Albert Einstein im Bund Deutsches Vaterland, dem Vorläufer der Deutschen Liga für Menschenrechte. Zusammengeführt hat sie die Verehrung für den großen französischen Dichter und Friedensnobelpreisträger Romain Rolland (1866–1944), mit dem beide in Kontakt stehen und der von Beginn des Ersten Weltkrieges an nicht an einen sinnvollen Opfertod für das Vaterland geglaubt hat.

DIE GOLDENDEN ZWANZIGERJAHRE

Mit der Währungsreform Ende 1923 normalisiert sich das politische und wirtschaftliche Leben in Deutschland, und die **Goldenen Zwanzigerjahre*** der Weimarer Republik brechen an. Es kommt zu einer kurzen Phase des Aufatmens für Deutschland und damit auch für die Familie Kollwitz. Der Sohn Hans hat 1920 die 20-jährige Ottilie Ehlers geheiratet, die Tochter einer ostpreußischen Gutsbesitzerfamilie. Sie hatte an der privaten Kunst- und Gewerbeschule Reimann in Berlin Gebrauchsgrafik studiert und sollte sich später einen Namen als Buchillustratorin machen. 1921 kommt der erste Enkel zur Welt, der auf Wunsch der Großmutter nach dem gefallenen Sohn Peter genannt wird, 1923 die Zwillinge Jutta und Jördis und 1930 schließlich Arne. Das Glück einer Großmutter gehört von nun an mit zu den schönsten

---

* *In den* **GOLDENEN ZWANZIGERJAHREN** *schöpften die Menschen wieder Hoffnung und wollten nur noch eines: Normalität. Es gab endlich wieder Arbeit, Kunst und Literatur gingen neue Wege, suchten neue Ausdrucksmöglichkeiten in der Neuen Sachlichkeit. Der Bubikopf und der Charleston kamen in Mode, und besonders in Berlin blühte das Nachtleben auf mit glamourösen Tanzpalästen, Revuen und Jazz-Lokalen. Auch die Industrie erholte sich, und der Wissenschaft gelangen bahnbrechende Entdeckungen: Jeder dritte der 36 verliehenen Nobelpreise ging an Deutschland – einer der berühmtesten Preisträger war Albert Einstein.*

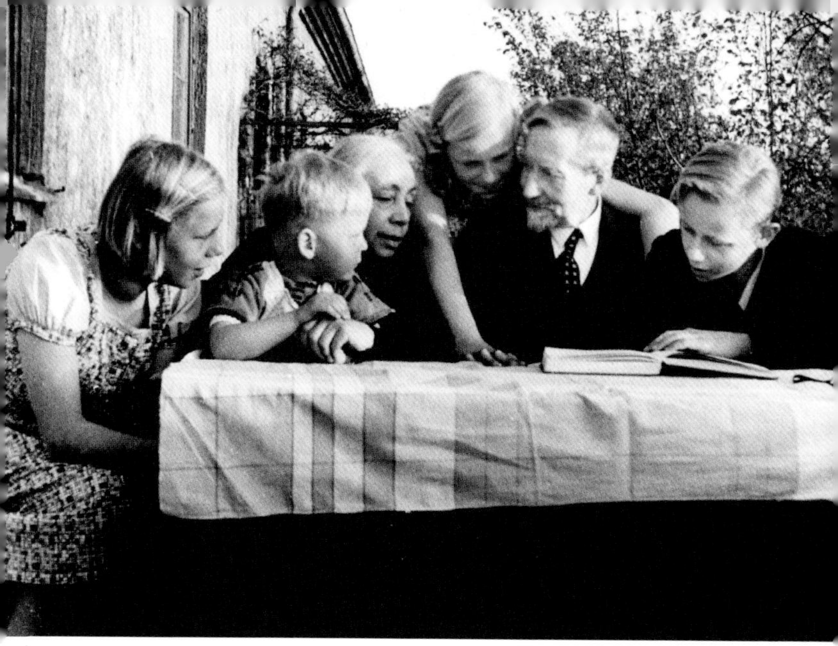

Käthe und Karl Kollwitz mit ihren Enkelkindern, 1935

Erlebnissen für Käthe Kollwitz. Das spürt man auch im Werk der Künstlerin, in dem sich nun eine ganze Reihe unbeschwerter Kinderdarstellungen finden. So zum Beispiel eine Zeichnung mit zwei Kindern, die neugierig im Treppenhaus stehen und gebannt über das Treppengeländer oder durch dessen Stäbe in Erwartung eines Besuchers nach unten schauen. Hier zeigen sich Käthe Kollwitz' meisterhafte Beobachtungsgabe und ihre Fähigkeit, mit breiten Kohle- oder Kreidestrichen alltägliche Situationen souverän und unmittelbar einzufangen.

An ihrem 60. Geburtstag (1927) steht Käthe Kollwitz im Zenit ihres Ruhmes. Sie erfreut sich einer breiten Anerkennung, die ihr von allen Seiten entgegengebracht wird. Allein in Berlin würdigen zwei große Ausstellungen das Schaffen der Künstlerin, sie erhält rund 500 Briefe und Telegramme, darunter Glückwünsche vom Reichsinnenminister, dem preußischen Kultusminister, dem Reichskunstwart, dem Berliner Oberbürgermeister und dem russischen Botschafter. Kein ande-

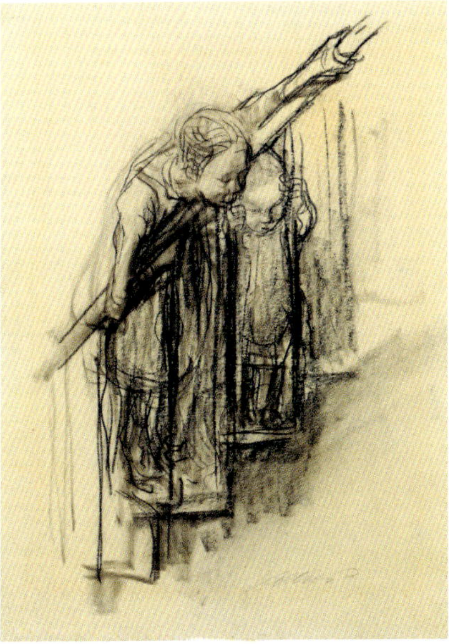

Zwei Kinder am Treppengeländer, um 1927,
Kohle, 40,3 × 31,7 cm

Ja, heut stehe ich wohl auf der Höhe meines sogenannten Ruhms. Aus allen Teilen Deutschlands, auch aus dem Ausland, und aus allen Kreisen Deutschlands Zurufe der Freude, des Dankes, der Liebe. [...] Wie wunderbar ist das, zu wissen man hat nicht umsonst gearbeitet, sondern überall klingt es zurück. Herrlich.

Käthe Kollwitz in einem Brief an Max Lehrs, 29. Juli 1927

rer Künstler dürfte in der Weimarer Republik jemals so viel Aufmerksamkeit anlässlich seines Geburtstags erhalten haben. Die überwältigende Resonanz verrät das hohe Ansehen, das Käthe Kollwitz weit über die künstlerischen Kreise hinaus genießt. 1928 wird ihr die Leitung eines Meisterateliers für Grafik an der Preußischen Akademie der Künste in Berlin übertragen. Damit verbunden ist nicht nur die Nutzung eines Ateliers, sondern auch ein respektables Gehalt. Nun

Die trauernden Eltern, 1932, Belgischer Granit (Kalkstein), Mutter: 124 cm Höhe, Vater: 138 cm Höhe, Soldatenfriedhof Vladslo-Praedbosch

könnte die Künstlerin sogar ihre Familie finanzieren, und das Ehepaar überlegt tatsächlich, ob Karl seine Praxis aufgeben soll. Er tut es nicht – vermutlich hängt er viel zu sehr an seinem Beruf und nicht zuletzt an seinen Patienten. 1929 schließlich erhält Käthe Kollwitz die höchste Auszeichnung der Weimarer Republik, den **Orden Pour le Mérite*** – wiederum als erste Frau.

MAHNMAL *DIE TRAUERNDEN ELTERN*

Ebenfalls zu ihrem Geburtstag 1927 erweisen das Reichsinnenministerium und das preußische Kultusministerium Käthe Kollwitz eine besondere Ehre. Sie bewilligen der Künstlerin 5000 Mark für die Fertigstellung eines Denkmals für den Friedhof in Roggevelde, auf dem ihr gefallener Sohn Peter in Belgien begraben ist. Diese Anlage ist eines von fast 400 Gräberfeldern in Flandern für die Gefallenen deutschen Soldaten des Ersten Weltkrieges. Bereits wenige Wochen nach dem Tod ihres Sohnes Peter hatte Käthe Kollwitz begonnen, sich mit einem Denkmal für die gefallenen Freiwilligen zu beschäftigen. Den ganzen Krieg über arbeitete sie fast ausschließlich an dieser Plastik. Diese wird aber erst 1932, 18 Jahre später, nach mehreren Unterbrechungen vollendet und ist ihr plastisches Hauptwerk. Der Plan für ihre endgültige Ausführung reifte bei Käthe Kollwitz 1924, nach der Fertigstellung ihres *Kriegszyklus*. Hatte sie ursprünglich den gefallenen Sohn Peter zwischen den knienden Gestalten der Eltern anordnen wollen,

---

* *Der* **ORDEN POUR LE MÉRITE** *(frz., „für den Verdienst") wurde zunächst durch König Friedrich II. als höchste militärische Tapferkeitsauszeichnung im Königreich Preußen gestiftet. Alexander von Humboldt regte 1842 Friedrich Wilhelm IV. dazu an, eine „Friedensklasse" des Ordens unter der Bezeichnung „Pour le Mérite für Wissenschaften und Künste" zu stiften. Der Orden existiert bis heute und wird vom Bundespräsidenten verliehen. In der Weimarer Republik erhielten ihn außer Käthe Kollwitz auch Max Liebermann, Gerhart Hauptmann, Max Slevogt und 1933 Ernst Barlach.*

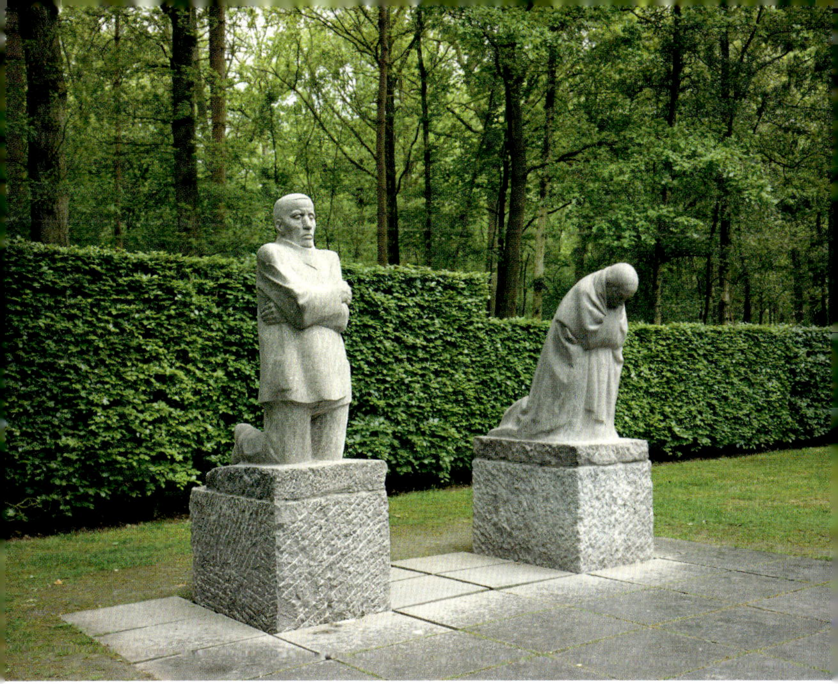

so zeigt sie schließlich nur die hinterbliebenen Eltern

> Damit ist dann eine Arbeit zum Abschluss gekommen, die seit 1914 mich innigst beschäftigt. Ich danke Gott, daß ich sie hab fertig machen können.

Käthe Kollwitz in einem Brief an Max Lehrs, 23. Juni 1932

Die Arbeit an den Plastiken ist außerordentlich mühsam, da Käthe Kollwitz kaum über Erfahrungen als Bildhauerin verfügt. Es entsteht eine Vielzahl von Entwürfen und kleinen Tonmodellen, von denen einige zu allem Überfluss noch auf dem Drehbock zusammenbrechen. Bei den beiden Figuren, die Kollwitz schließlich vollendet – sie tragen die Gesichtszüge des Ehepaars Kollwitz –, verzichtet die Künstlerin auf jegliche Heroisierung. Wer sich an die Diskussionen mit Peter im Hause Kollwitz nach Ausbruch des Ersten Weltkrieges erinnert, fühlt sich in diese Situation zurückversetzt durch die ganz ergeben wirkende Gestalt der Mutter und die ablehnende Haltung des Vaters mit den

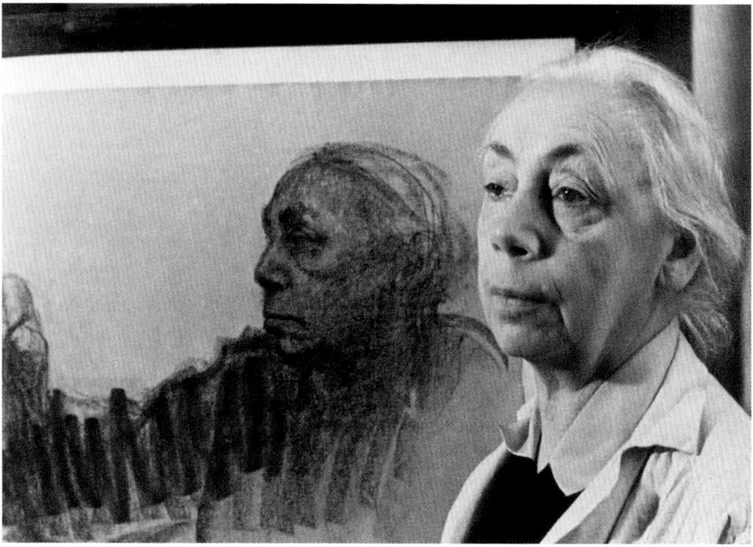

Käthe Kollwitz vor ihrem **Selbstbildnis im Profil, zeichnend** von 1933

verschränkten Armen und dem wie versteinert wirkenden Gesicht. Der Kunsthistoriker Alfred Hentzen, ein Mitarbeiter der Berliner Nationalgalerie, wusste wohl, wie es zu der unterschiedlichen Haltung der Mutter und des Vaters gekommen war, als er 1934 in seinem Buch *Deutsche Bildhauer der Gegenwart* zu dem Denkmal schrieb: „Das Schöne und Einzigartige an diesen Figuren ist das Unkunstmäßige, das wirkliche Erlebnis, das hier Gestalt wurde. Der Schmerz und die Haltung zahlloser Mütter, die im Krieg ihre Söhne verloren, ist hier [...] mit ergreifender Unmittelbarkeit" dargestellt.

1931, kurz vor der Machtübernahme der Nationalsozialisten, vollendet Käthe Kollwitz das Mahnmal und präsentiert die beiden Gipsfiguren auf der Berliner Akademieausstellung erstmals der Öffentlichkeit. Im Anschluss daran lässt sie von zwei geübten Bildhauern die beiden Figuren in Granit aushauen. 1932 werden sie in der Vorhalle der Nationalgalerie gezeigt und anschließend im Beisein von Käthe und Karl Kollwitz in Belgien auf dem kleinen Friedhof aufgestellt. 1955 wird er aufgelassen und die *Trauernden Eltern* mit ihrem Sohn zusammen nach Vladslo-Praedbosch überführt.

Leben und arbeiten im Dritten Reich

DER WEG IN DIE INNERE EMIGRATION

Schon im Frühjahr 1932, bei den Überlegungen, das Mahnmal in Berlin aufzustellen, hat Käthe Kollwitz Bedenken, dass es mit Hakenkreuzen beschmiert werden könnte. Ihre Sorgen sind nicht unbegründet: Bei der Reichstagswahl am 31. Juli 1932 erhält die NSDAP mit 37,4 Prozent erstmals die meisten Stimmen, am 30. Januar 1933 erfolgt die Ernennung Hitlers zum Reichskanzler. Für Millionen setzt mit diesem Datum die Verfolgung ein – sei es aus politischen Gründen oder weil sie Juden sind.

Trotz dieser Gefahr unterstützen Käthe und Karl Kollwitz ebenso wie Heinrich Mann vor den letzten freien Wahlen am 5. März 1933 einen plakatierten „Dringenden Appell" zum Zusammenschluss von KPD und SPD mit ihrer Unterschrift, wie sie es schon 1932, vor der Reichstagswahl im Sommer, unter anderem mit Albert Einstein, Erich Kästner und Arnold Zweig, getan hatten. Die Antwort der neuen Machthaber kommt postwendend: Mit der Drohung, die Preußische Akademie ansonsten zu schließen, werden Heinrich Mann und Käthe Kollwitz am 15. Februar 1933 zum Austritt gezwungen.

Führende Politiker der SPD und KPD werden verhaftet, viele linke Intellektuelle fliehen aus Deutschland. Auch Käthe und Karl Kollwitz reisen Ende März vorsichtshalber für zwei Wochen in den tschechischen Kurort Marienbad, entscheiden sich aber für eine Rückkehr nach Deutschland. Im Tagebuch heißt es knapp zu den sich überschlagenden Ereignissen: „Vollkommenste Diktatur. 1. April Juden-Boykott. Entlassungen. [...] 10. Mai werden Bücher verbrannt." Bei dem Sohn Hans kommt es zu einer Hausdurchsuchung, Karl werden vorübergehend die Kassen entzogen und damit die Grundlage seiner Praxis. Auch die Verfolgung der Juden erlebt das Ehepaar Kollwitz hautnah, da Käthes Schwester Lisbeth in die jüdische Familie Stern eingeheiratet hat. 1936 wird dem Ehepaar Kollwitz sogar mit dem

Konzentrationslager gedroht, weil ein auf einem Interview mit der Künstlerin beruhender Artikel in einer großen Moskauer Zeitung berichtet hat, dass sie sich im Dritten Reich in einer materiellen Notlage befände, was die Nationalsozialisten empört.

> **Ich will und muß bei den Gemaßregelten stehen. Die wirtschaftliche Schädigung [...] ist eine selbstverständliche Folge. Tausenden geht es ebenso. Darüber muß man nicht klagen.**
>
> Käthe Kollwitz in einem Brief an Beate Bonus-Jeep über den Zwangsaustritt aus der Akademie, 1933

Seit 1935 ist Kollwitz zudem von einem indirekten Ausstellungsverbot betroffen, und ihre Werke werden aus den Ausstellungen entfernt. Nur wenige Kunsthändler wagen es noch bis in den Zweiten Weltkrieg hinein, Grafiken von Käthe Kollwitz in Deutschland anzubieten. Die Künstlerin hat daher kaum noch Einnahmen und muss mit ihrem Mann zunehmend auf Ersparnisse zurückgreifen. Der Weg in die innere Emigration beginnt.

ATELIERGEMEINSCHAFT KLOSTERSTRASSE

Bei all dem Bedrückenden erlebt Käthe Kollwitz im Dritten Reich aber auch Positives: Nachdem sie die Akademie verlassen und ihr dortiges Atelier aufgeben musste, darf sie sich 1934 mit ministerieller Genehmigung in der Ateliergemeinschaft Klosterstraße einmieten. In dieser einzigartigen Künstlergemeinschaft haben sich zumeist jüngere Künstler – in erster Linie Maler und Bildhauer – zusammengefunden. Das Gros ist unpolitisch, einige wenige wie Kollwitz sind dezidiert gegen Hitler, andere aber auch überzeugte Nationalsozialisten. Die Gemeinschaft funktioniert nur, weil sie einen gegenüber den Behörden sehr geschickt agierenden Obmann hat. Auf den jährlichen

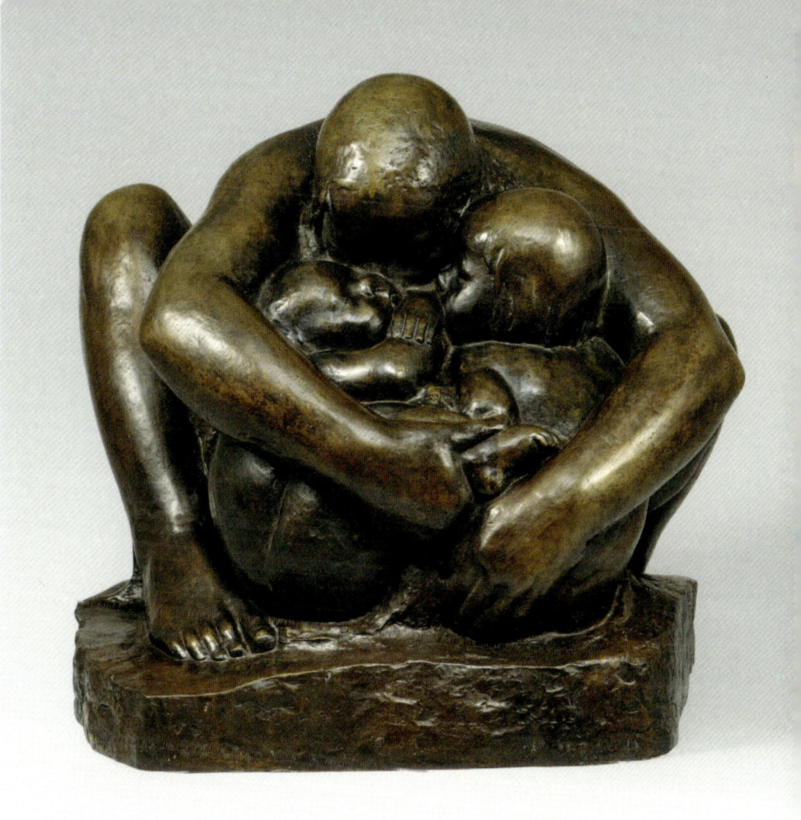

Mutter mit zwei Kindern, Guss von 1984,
Bronze, 76 × 85 × 80 cm

Ausstellungen im Haus erleben die Künstler zwar regelmäßig, dass ihre Werke abgehängt beziehungsweise gegen andere ausgetauscht werden müssen, aber darüber hinaus werden sie recht wenig behelligt.

In dieser vergleichsweise geschützten Atmosphäre gelingt Käthe Kollwitz die Vollendung ihrer letzten Arbeiten – neben einem Zyklus zum Tod vornehmlich Plastiken –, darunter die große Arbeit *Mutter mit zwei Kindern*. Bei dieser Gruppe hockt die Mutter nackt am Boden und umschließt mit Armen und Beinen – kraftvoll und schützend – ihre beiden ebenfalls nackten Kinder, die sich bei ihr offenbar geborgen wissen und mit der Mutter eine formale Einheit bilden. 1936 lässt

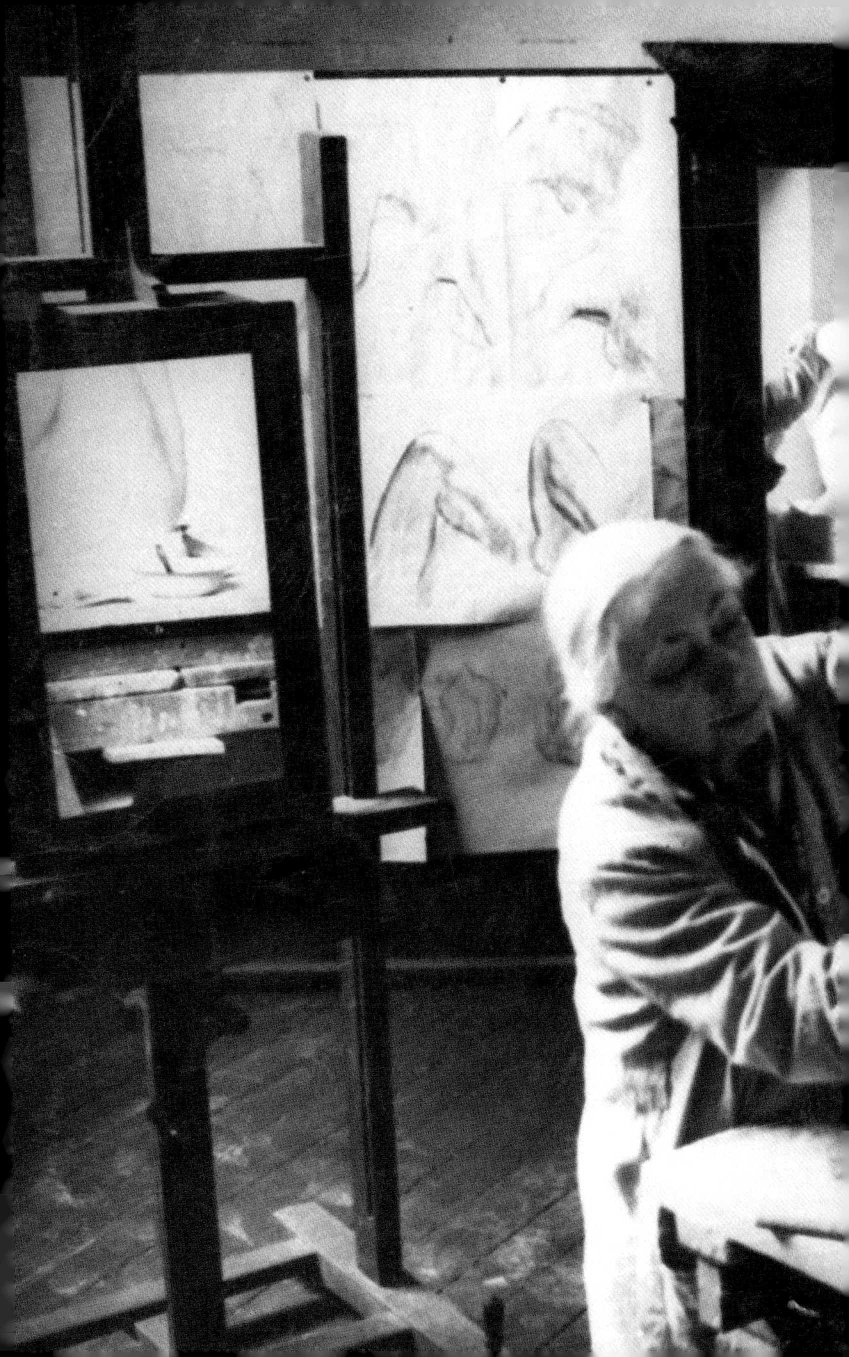

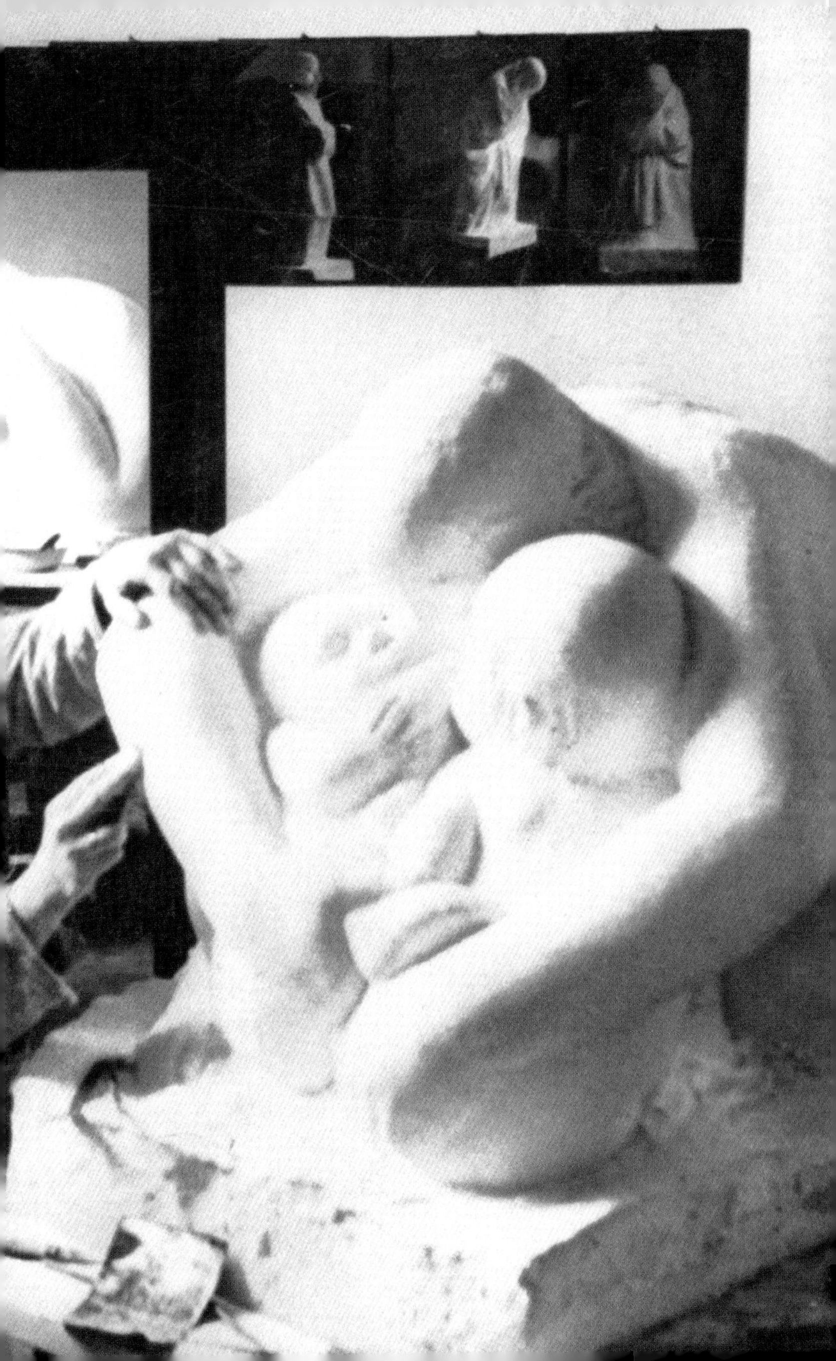

Vorherige Doppelseite: Käthe Kollwitz im Atelier bei der Arbeit am Gips für ihre Plastik **Mutter mit zwei Kindern**, um 1935

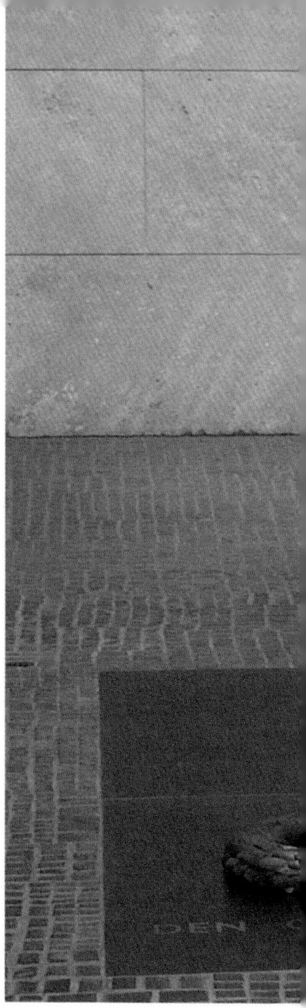

Käthe Kollwitz die Arbeit im Innenhof der Ateliergemeinschaft Klosterstraße in Muschelkalk aushauen. Nachdem die Skulptur im Zweiten Weltkrieg verloren ging, wird im Auftrag des Magistrats von Ostberlin 1949 eine Kopie angefertigt, die lange an der Stelle des zerstörten Wohnhauses von Käthe Kollwitz stand.

Nach Vollendung der *Mutter mit zwei Kindern* beschäftigt sich Käthe Kollwitz vor allem mit Kleinplastiken. Sie selbst erklärt, diese Arbeiten in Angriff genommen zu haben, da sie in jedem Raum ausführbar seien, wenig kosten, ihre Kräfte nicht übersteigen und ihre Erben nicht belasten würden. Zu den bekanntesten unter ihnen gehört eine kleine *Pietà*, über die Käthe Kollwitz 1937 am Todestag ihres Sohnes Peter in ihr Tagebuch schreibt: „Ich arbeite an der kleinen Plastik, die hervorgegangen ist aus dem plastischen Versuch, den alten Menschen zu machen. Es ist nun so etwas wie eine Pietà geworden. Die Mutter sitzt und hat den toten Sohn zwischen ihren Knien im Schoß liegen. Es ist nicht mehr Schmerz, sondern Nachsinnen [...] Sie ist eine alte einsame und dunkel nachsinnende Frau." Käthe Kollwitz setzt sich in dieser Plastik nach 23 Jahren noch einmal mit dem Verlust ihres geliebten Sohnes auseinander. Kraftlos liegt der schlanke Körper des erwachsenen Sohnes zwischen den Beinen der Mutter am Boden. Bewusst weicht Käthe Kollwitz mit ihrer Anordnung von den traditionellen Darstellungen der Gottesmutter mit ihrem toten Sohn auf den Knien ab.

Als Berlin nach der Wiedervereinigung 1990 Hauptstadt wird, benötigt die Bundesrepublik Deutschland dort eine zentrale Gedenkstätte

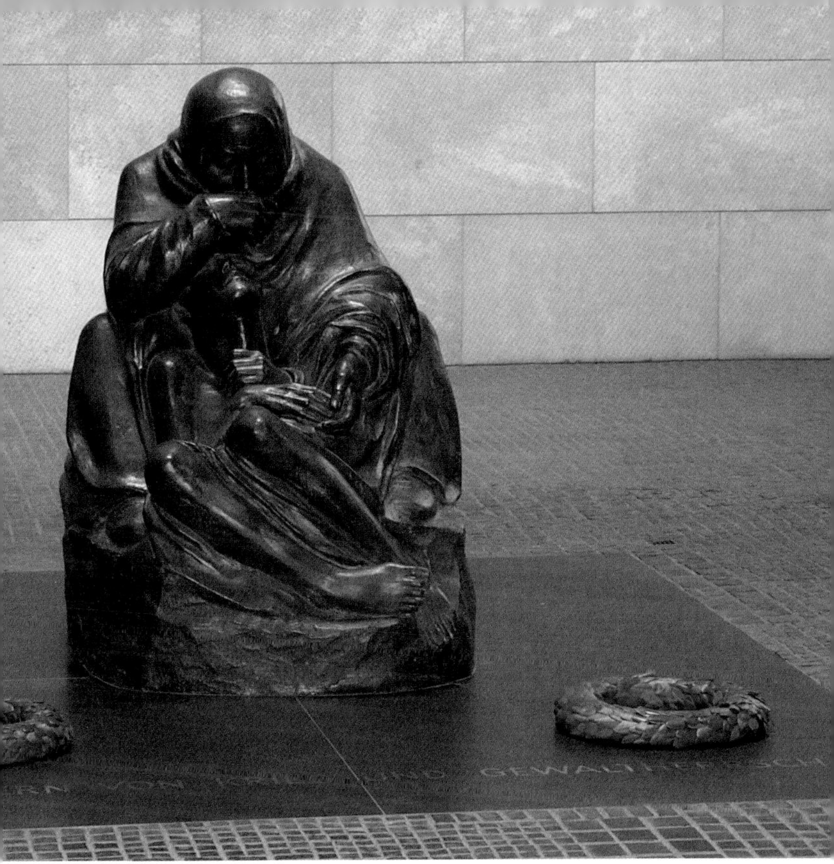

Käthe Kollwitz' **Pietà** in der Neuen Wache in Berlin, 1993

für die Opfer von Krieg und Gewaltherrschaft. 1993 wird diese in Karl Friedrich Schinkels Neuer Wache eingerichtet, die in der Weimarer Republik Ehrenmal für die Gefallenen des Ersten Weltkrieges und zu DDR-Zeiten Mahnmal für die Opfer des Faschismus war. Auf Initiative von Helmut Kohl, dem damaligen Bundeskanzler, beauftragt die Bundesregierung den Bildhauer Harald Haacke, von Käthe Kollwitz' *Pietà* eine im Maßstab eins zu vier vergrößerte Kopie anzufertigen. Diese Entscheidung findet keine einhellige Zustimmung – weder in der Politik noch bei den zahlreichen Opferverbänden und auch nicht in der Öffentlichkeit. Das christliche Motiv der um ihren Sohn trauernden Mutter als Mahnmal für die Opfer von Krieg und Gewaltherrschaft wurde vor allem in Anbetracht der im Holocaust ermordeten Juden und auch anderer Opfergruppen von vielen als nicht angemessen empfunden.

DIE LETZTEN LEBENSJAHRE

1934 stirbt der Mann von Käthe Kollwitz' Schwester Lise, und diese bittet die Künstlerin um einen Entwurf für das Grabmal der Familiengrabstätte, welche die Geschwister Konrad, Lise und Käthe für sich und ihre Ehepartner auf dem Zentralfriedhof Berlin-Friedrichsfelde erworben haben. So entsteht 1935/36 das Bronzerelief *Ruht im Frieden seiner Hände*. Das Werk, das heute durch die Hospizbewegung sehr bekannt ist, beschreibt Käthe Kollwitz ihrer Freundin Beate Bonus-Jeep in einem Brief: „Auf dem Relief sind zu sehen zwei große mütterliche Hände, die einen Hinübergehenden in ihren Mantel hüllen, und der Hinübergehende – es ist nur sein Gesicht zu sehen – zieht den Mantel noch um sich zusammen." Bei dieser Arbeit stellt sich die Frage nach der Religiosität der Künstlerin. 1926 hat sie diese ihrem Sohn Hans einmal so zu beantworten versucht: „Ich bin kein religiöser Mensch, soviel sich Bonus auch bemüht. Während des Krieges, da hatte ich eine Zeit, in der ich ähnlich empfand. [...] Zuweilen habe ich das Gefühl der Zusammengehörigkeit des Kosmos, seines Hereinströmens in jeden Menschen und

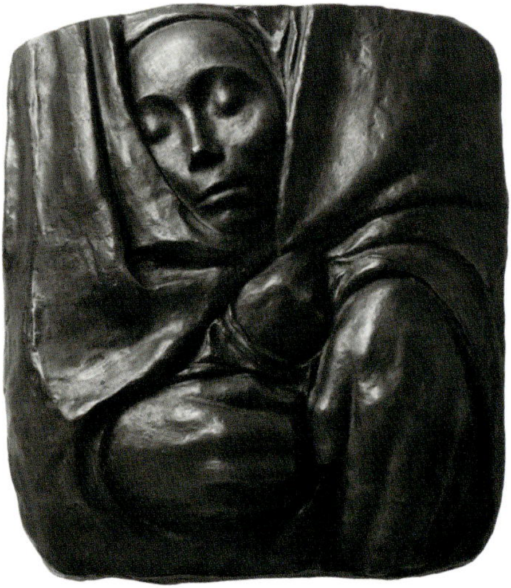

Ruht im Frieden seiner Hände,
1935/36, Bronze, 35,4 × 32,1 × 8,5 cm

jede Pflanze." Und 1940 hält Hans in seinem Tagebuch eine Bemerkung seiner Mutter zum Weiterleben nach dem Tod fest: „Nun ja, es ist wahrscheinlich, ist blaß, hat keine Kraft. Das schöne, das wirkliche, das diesseitige Leben, wenn es auch noch so verwirrend und töricht oft ist. Leben ist, wenn Frühling ist [...]."

Die nächsten Jahre bringen nicht nur politisch, sondern auch privat viel Trauriges: Ernst Barlach, der „raubeinige" Kollege in der Berliner Secession, den Kollwitz mehr und mehr schätzen gelernt hatte, stirbt in der inneren Emigration 1938. Ein halbes Jahr vor Ausbruch des Zweiten Weltkrieges, am 4. Februar 1939, erkrankt Karl Kollwitz an einer schweren Grippe, von der er sich bis zu seinem Tod am 19. Juli 1940 nicht mehr erholt. Auch Käthe Kollwitz' Kräfte lassen nach. Im Herbst 1940 gibt sie ihr Atelier in der Klosterstraße auf und lebt von da an sehr zurückgezogen in ihrer Berliner Wohnung. Im Winter 1941 greift sie noch einmal das Goethezitat auf, mit dem sie 1918 Richard Dehmel kurz vor Ende des Ersten Weltkrieges entgegengetreten war. Nun, mitten im Zweiten Weltkrieg, schafft sie dazu eine Lithografie, auf der, so die Künstlerin selbst, „junge, richtige Berliner Jungen, die wie junge Pferde gierig nach draußen wittern" von einer alten Frau unter ihrem Mantel zurückgehalten werden. „‚Saatfrüchte sollen nicht vermahlen werden' – diese Forderung ist wie ‚Nie wieder Krieg' kein sehnsüchtiger Wunsch sondern Gebot. Forderung."

Auch dieser neue Krieg fordert seine Opfer: 1942 fällt der älteste Enkel Peter in Russland, 1943 ist für Käthe Kollwitz ein Bleiben in Berlin aufgrund der Bombardements nicht mehr möglich. Kurz bevor ihr Haus in der Weißenburger Straße bei Luftangriffen völlig zerstört wird, siedelt Käthe Kollwitz mit ihrer Schwester Lise im August zu der Bildhauerin Margret Böning nach Nordhausen über. Als auch dort die Luftangriffe 1944 zunehmen, folgt sie einer Einladung des Prinzen Ernst Heinrich von Sachsen in den Rüdenhof nach Moritzburg, wo sie ein Eckzimmer mit Blick auf das Schloss bewohnt. Dort verstirbt sie nur wenige Tage vor Kriegsende am 22. April 1945.

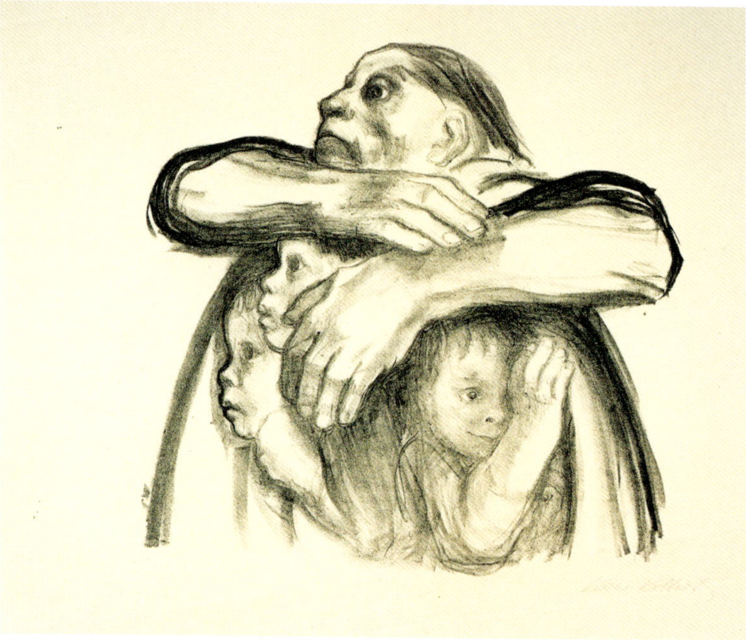

Saatfrüchte sollen nicht vermahlen werden, 1941, Lithografie, 37 × 39,5 cm

Käthe Kollwitz hat in ihren letzten Lebensjahren noch erleben dürfen, dass ihr Werk in den USA nicht zuletzt dank der zahlreichen Emigranten zunehmend geschätzt wurde. Ein Brief aus dem Jahr 1938 lässt erahnen, welche Bedeutung dies für sie hatte: „Für Deutschland bin ich tot, aber für Amerika fange ich an lebendig zu werden. Das ist schön." Aber auch für Deutschland war sie lebendig, obwohl die Nationalsozialisten sie totzuschweigen versuchten. So wurde Käthe Kollwitz schon kurz nach Kriegsende 1945 und 1946 in Deutschland wieder in mehreren Ausstellungen als Künstlerin und Persönlichkeit gewürdigt.

Der Krieg begleitet mich bis zum Ende.

Käthe Kollwitz in einem Brief an ihren Sohn Hans, 16. April 1945

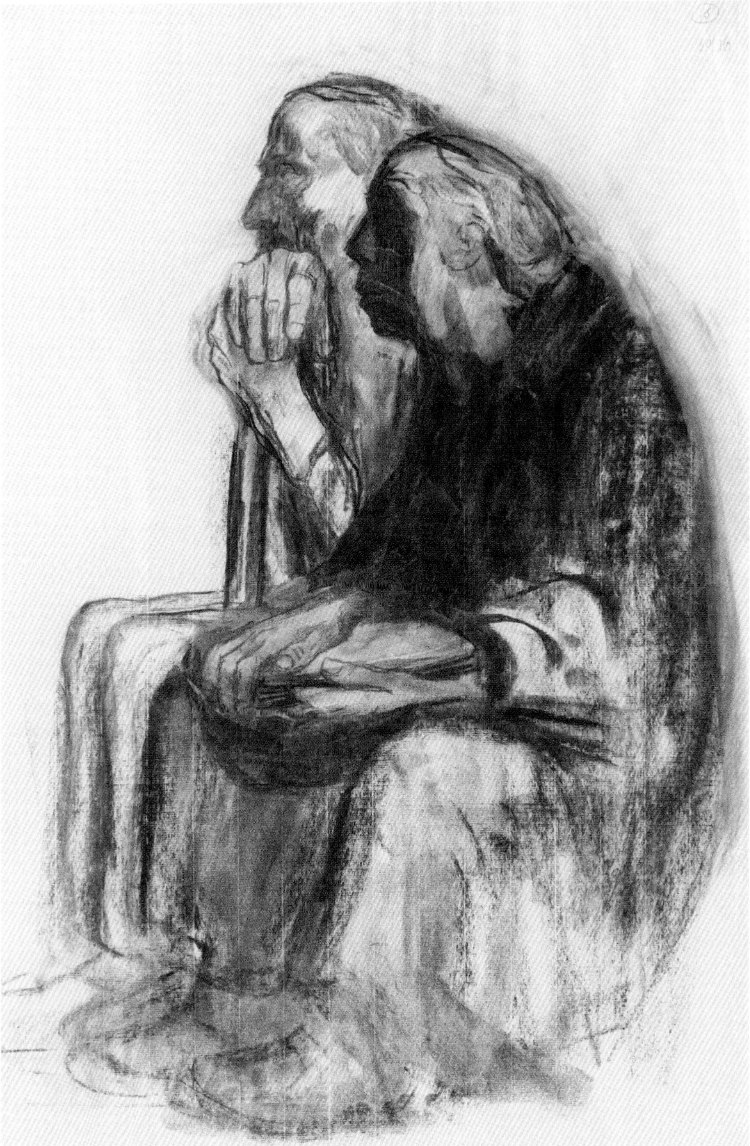

Selbstbildnis mit Karl Kollwitz, 1940, Kohle, 66,8 × 50,3 cm

Eine weltweit gesammelte Künstlerin

Es ist das Verdienst von Max Lehrs, dem Direktor des Dresdner Kupfer-Stichkabinetts, als erster Museumsmann bereits 1898 die junge Künstlerin entdeckt zu haben. Bis zu seiner Pensionierung im Jahr 1921 trug er für das Kabinett sämtliche Druckgrafiken und einige Zeichnungen zusammen. Auch das Berliner Kupferstichkabinett kaufte schon früh Werke der Künstlerin, erstmals besonders intensiv, als Lehrs dieses ab 1905 für drei Jahre leitete. Beide Museen – die bedeutendsten grafischen Sammlungen Deutschlands – besitzen heute jeweils mehrere Hundert Arbeiten von Käthe Kollwitz, darunter viele seltene Blätter und Unikate.

Auch die weltberühmte Albertina in Wien gehörte zu den ersten Institutionen, welche Werke der jungen Künstlerin erstanden. Je bekannter Käthe Kollwitz wurde, desto mehr Museen interessierten sich weit über die Grenzen Deutschlands hinaus für ihre Arbeiten. Das British Museum in London, das lange Zeit keine Kunst lebender Künstler erwerben durfte, kam 1948 durch eine Schenkung in den Besitz von 36 erlesenen, zumeist farbigen Blättern. Zu diesem Zeitpunkt war Käthe Kollwitz auch in den USA eine vielerorts beachtete Künstlerin. Dazu hatten besonders die Emigranten beigetragen, die während der Hitlerzeit Deutschland verlassen mussten. In Amerika angekommen, verkauften sie nicht selten ihre Kunstsammlungen, um sich eine neue Existenz aufzubauen. Davon profitierten Privatsammler und Museen, darunter das Museum of Fine Arts in Boston und die National Gallery in Washington, die allein an die 200 Werke der Künstlerin ihr Eigen nennt. Darüber

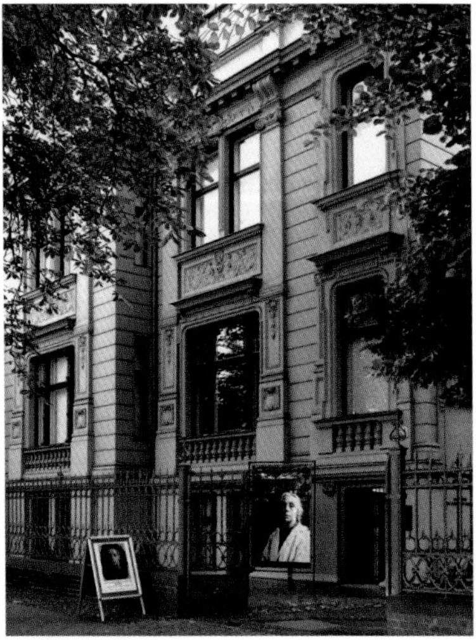

Das Käthe-Kollwitz-Museum in Berlin

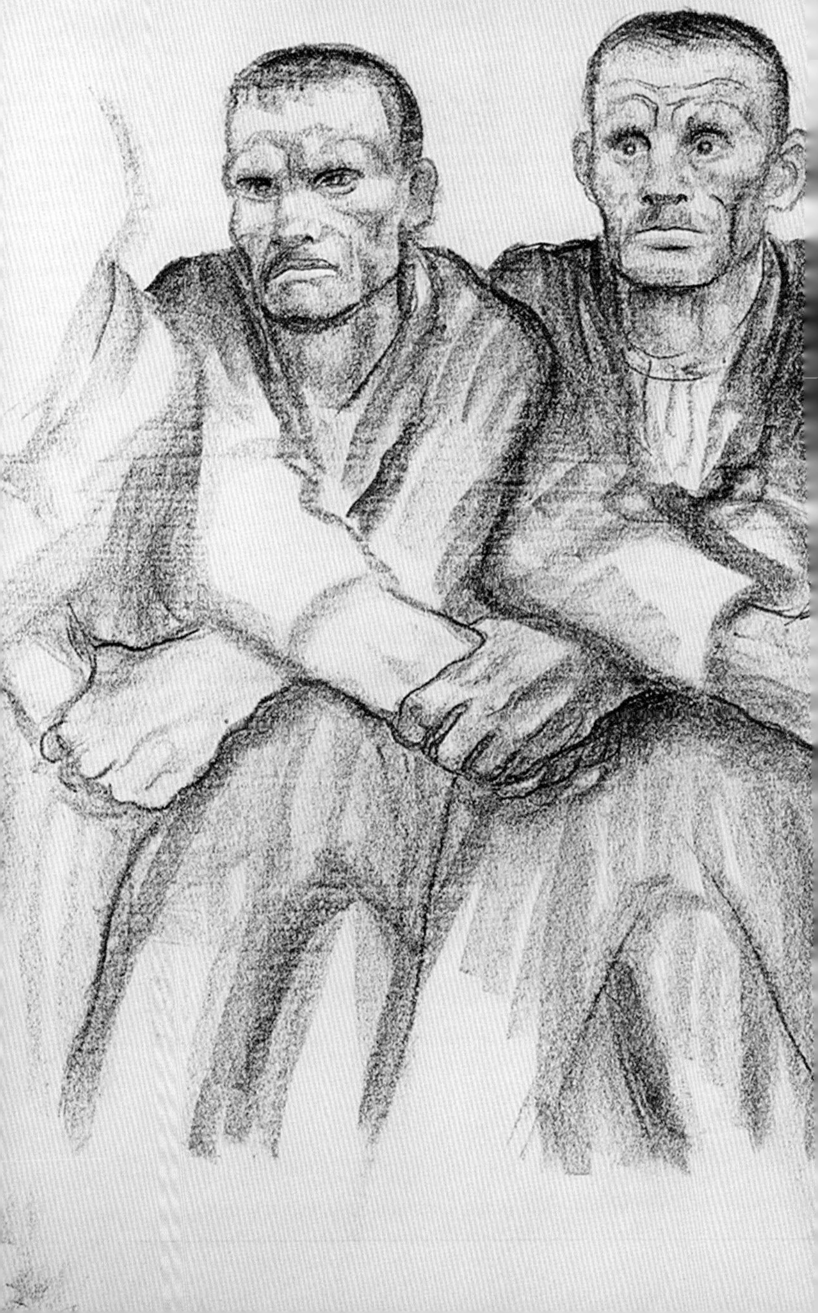

WIENAND^S
KLEINE REIHE
DER KÜNSTLER-
BIOGRAFIEN

96 Seiten
12,95 €

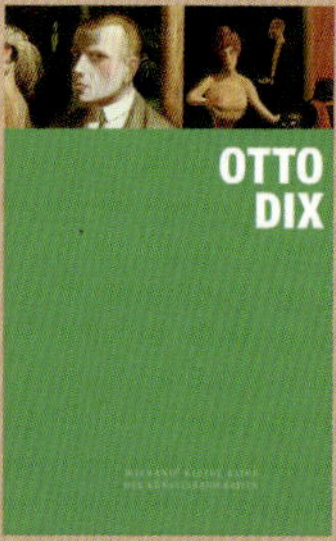

978-3-86832-571-3

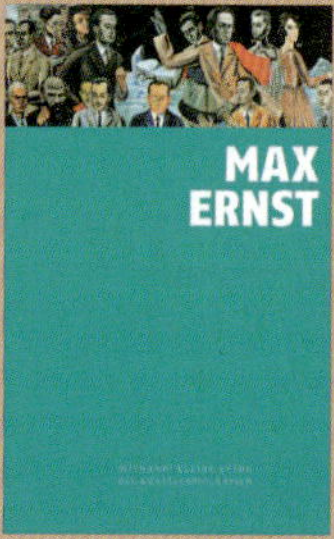

978-3-86832-539-3

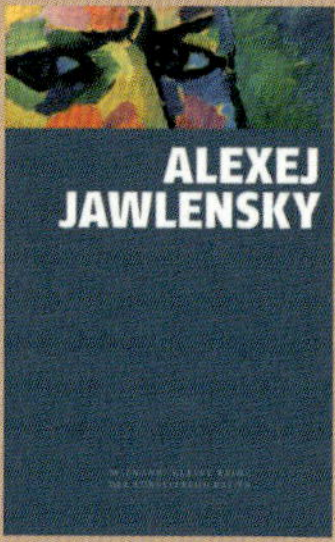

978-3-86832-286-6

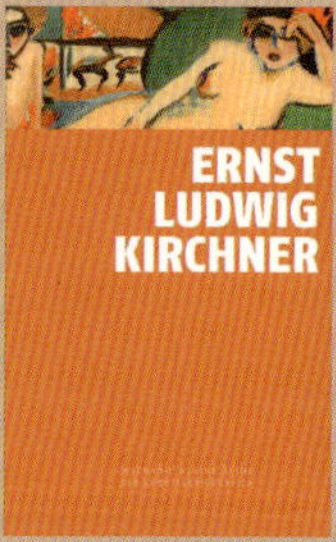

978-3-86832-389-4

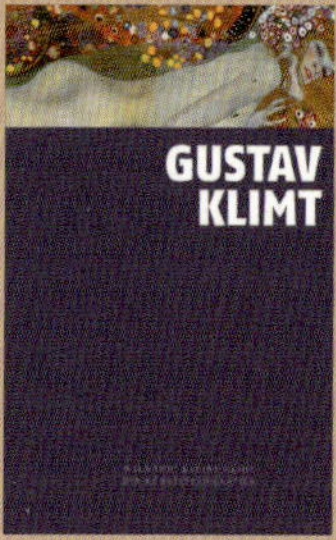

978-3-86832-387-0

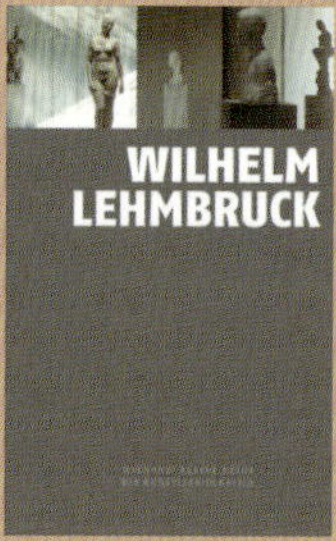

978-3-86832-388-7

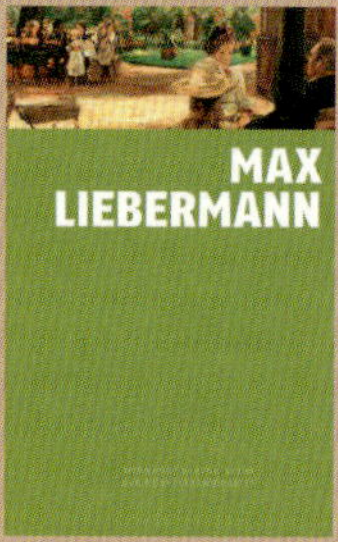

978-3-86832-373-3

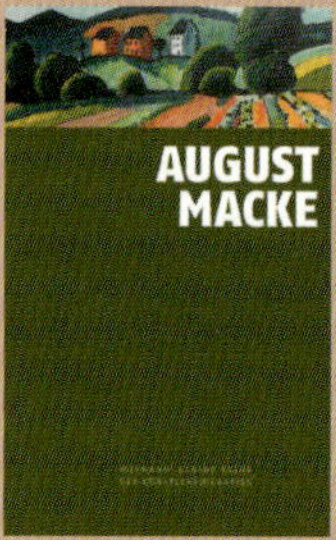

978-3-86832-208-8

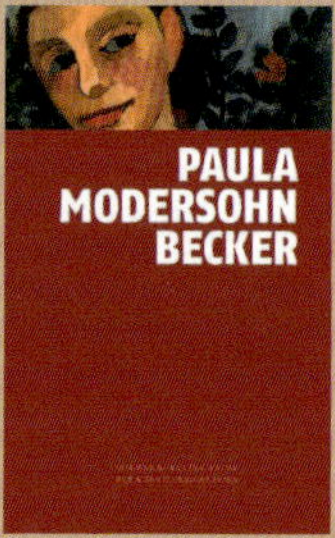

978-3-86832-210-1

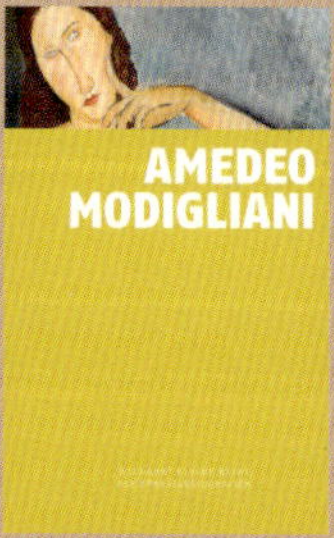

978-3-86832-574-4

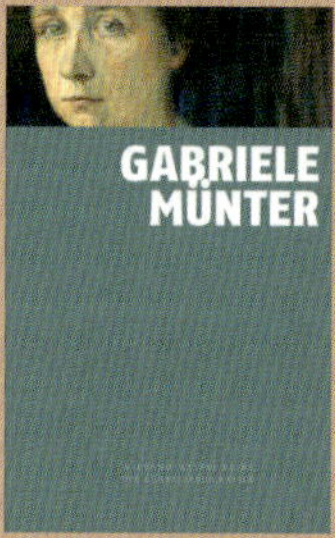

978-3-86832-372-6

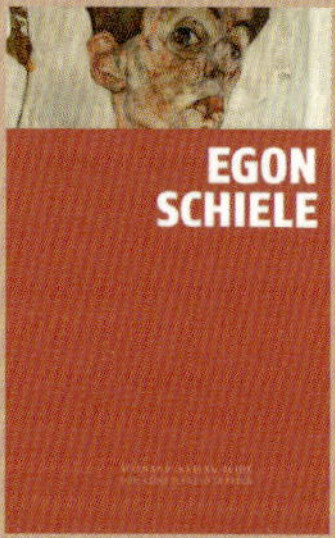

978-3-86832-374-0

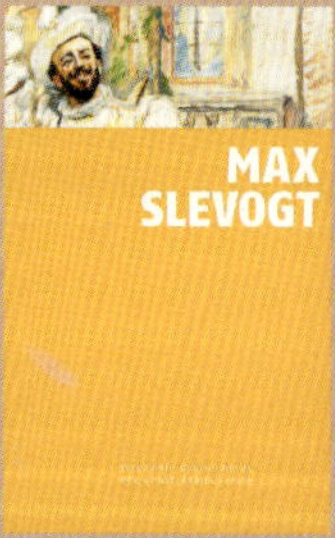

978-3-86832-442-6

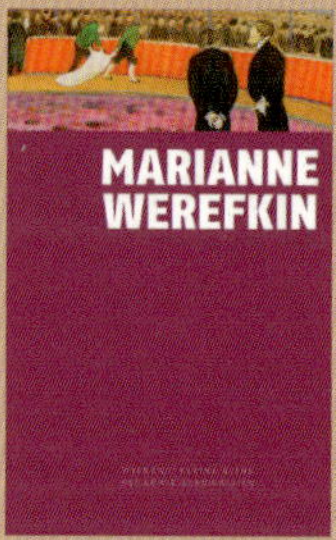

978-3-86832-540-9

Konzeption der kleinen Reihe
Martina Padberg

Redaktion
Doris Hansmann

Verlagskoordination
Saskia Gehlen

Lektorat
Petra Leineweber

Grafik und Satz
Christian Padberg

Lithografie
dpi-factory, Krefeld

Gesamtherstellung
Wienand Verlag, Köln
www.wienand-verlag.de

© Wienand Verlag, Köln, 2016

ISBN 978-3-86832-285-9

Umschlagabbildungen
Einband: *Selbstbildnis*, 1889
Vorsatz: *Selbstbildnis und Aktstudien*, 1900, Bleistift, Feder und Pinsel in Tusche, weiß und rotbraun gehöht, 27,8 × 44,5 cm
Hinterer Vorsatz: *Solidarität*, 1932, Lithografie, 63,5 × 87,7 cm

Bibliografische Information der Deutschen Nationalbibliothek
Die Deutsche Nationalbibliothek verzeichnet diese Publikation in der Deutschen Nationalbibliografie; detaillierte bibliografische Daten sind im Internet über http://dnb.de abrufbar.

Gedruckt mit freundlicher Unterstützung der Stiftung für Buch & Kunst

Fotonachweis
Bundesarchiv Koblenz: S. 86/87
© Fotolia: S. 12
Christopher Clem Franken: S. 95
A. Grimm © bpk Berlin: S. 82
Hänse Herrmann: S. 65
Jacob Hilsdorf: S. 37
Emil Otto Hoppe: S. 6
Philipp Kester © Münchner Stadtmuseum: S. 40
Käthe Kollwitz Museum Köln: Umschlagabbildung, vorderer Vorsatz, hinterer Vorsatz, S. 5, 9, 11, 15, 16, 17, 19, 20, 22, 24/25, 26, 29, 31, 32, 39, 47, 53, 54, 56, 60, 62, 66, 68, 72, 74, 75, 78, 78, 79, 90, 92, 93
Kunsthalle Bielefeld: S. 55
Kunsthalle Bremen – Kupferstichkabinett – Der Kunstverein Bremen, Foto: Lars Lorisch: S. 41
© Kupferstichkabinett, SMB / Jörg P. Anders: S. 42, 45
Kupferstich-Kabinett der Staatlichen Kunstsammlungen Dresden, S. 34
Musée Rodin, Paris, Foto: Adam Rzepka: S. 46
Lothar Schnepf: S. 81
Sprengel Museum Hannover: S. 49
ullstein bild: S. 88/89
Klaus Wohlmann: S. 71

Bildnachweis
© Succession Picasso/VG Bild-Kunst, Bonn 2016

Trotz intensiver Recherchen war es nicht in allen Fällen möglich, die Rechteinhaber der Abbildungen ausfindig zu machen. Berechtigte Ansprüche werden selbstverständlich im Rahmen der üblichen Vereinbarungen abgegolten.

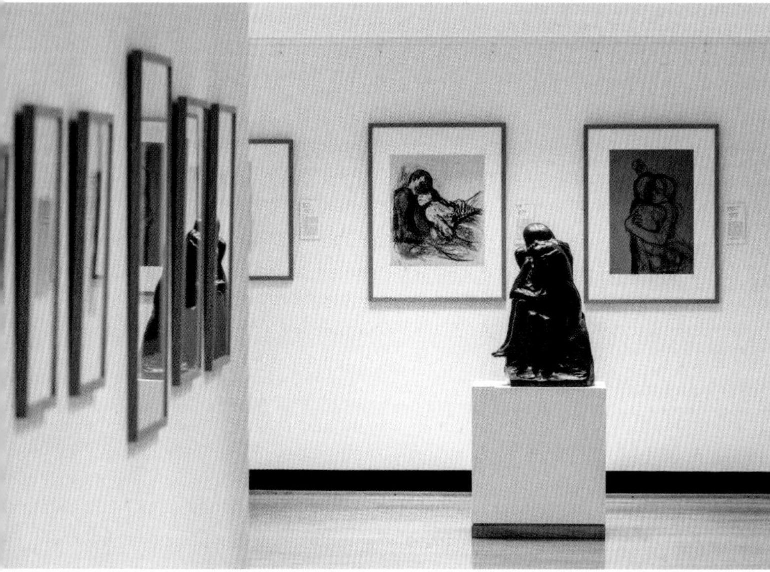

Blick in die Ausstellungsräume des Käthe Kollwitz Museums Köln

hinaus ist die Künstlerin unter anderem in der Kunsthalle Bremen, der Staatsgalerie Stuttgart, dem Sprengel Museum Hannover und zahlreichen Privatsammlungen weltweit – so etwa in den USA, Südafrika und China – vertreten.

In den 1980er-Jahren wurden kurz nacheinander zwei Kollwitz-Museen in Deutschland gegründet: als Erstes 1985 das Käthe Kollwitz Museum in Köln, dessen heute weltweit umfangreichste und in sich geschlossenste Kollwitz-Sammlung einzigartig ist. Der Bestand des Museums umfasst inzwischen – nach 30 Jahren engagierter Sammeltätigkeit – neben dem kompletten plastischen Werk mehr als 300 Zeichnungen und über 550 druckgrafische Blätter sowie sämtliche Plakate. Ende Mai 1986 eröffnete der Maler und Kunsthändler Hans Pels-Leusden in einer 1871 errichteten und 1897 zu einem Palais im spätklassizistischen Stil umgebauten Berliner Stadtvilla in der Fasanenstraße ein Kollwitz-Museum für seine private Sammlung. Schließlich wurde 1995 im Rüdenhof in Moritzburg, wo Käthe Kollwitz 1945 kurz vor Ende des Zweiten Weltkriegs verstarb, eine Gedenkstätte eingerichtet.